Pourquoi les filles sont si bonnes en maths

Laurent Cohen

Pourquoi les filles sont si bonnes en maths

et 40 autres histoires sur le cerveau de l'homme

Odile Jacob

15, rue Soufflot, 75005 Paris

www.odilejacob.fr

ISBN : 978-2-7381-2703-7

Sommaire

Préface de Lionel Naccache 9

I. Histoires de mémoire 13

1. Une amnésie romanesque : le voyageur sans bagages 15
2. Une mémoire à éclipses 25
3. L'amnésie infantile, ou les souvenirs au berceau 31
4. On ne s'est pas déjà vus quelque part ? 36
5. Les records d'une tête de linotte 42
6. La mémoire d'une vieille éléphante 47
7. Nouveaux neurones, nouvelle mémoire ? 52
8. Les souvenirs à livre ouvert ? 59
9. Frousse salutaire et mauvais souvenirs 64
10. Des souvenirs d'enfer 71
11. L'histoire du soldat 77
12. Les enfants maltraités 82

II. Histoires d'enfants 89

1. Les bébés à deux langues 91
2. Les enfants de la télé 97
3. Les filles (ne) sont (pas) nulles en maths 101
4. Les gènes et l'instituteur 109
5. Idiots savants et savants idiots 114
6. Les bienfaits des jeux vidéo 119
7. Douze bonbons valent mieux que quatre 125
8. La dyscalculie, cette inconnue 132
9. Un long hiver à Amsterdam 137

III. Histoires morales et dégoûtantes 143
1. Je me mets à votre place ! 145
2. Le délit de sale gueule 149
3. Dans le jardin du bien et du mal 156
4. Le petit déjeuner du juge 162
5. Le rire est le propre des rats et des gorilles 165
6. Ponce Pilate et les neurosciences 174

IV. Histoires de voir 181
1. Le lapin-canard et l'invisible dalmatien 183
2. BA + GA = DA, ou l'effet McGurk 192
3. Une main en caoutchouc 198
4. Échange de visages 203
5. Sortie du corps et voyage astral 207
6. Le cerveau des aveugles 213

V. Autres histoires de cerveau 217
1. Le cerveau multitâche 219
2. Le four et le moulin 224
3. Ce que la lecture change dans le cerveau 231
4. Cerveau de gauche, cerveau de droite : une question politique 237

VI. Histoires de médecine et choses utiles 243
1. Imagination et maladie d'Alzheimer 245
2. Comme un chat somnambule 252
3. Si j'avais un marteau 259
4. Décalage horaire 264
5. Le don de double vue 269
6. La crampe des écrivains 275
7. Je ne peux pas vous sentir 280

Références bibliographiques 285
Crédits des illustrations 295

Préface de Lionel Naccache

Ce livre de neurosciences, riche et savoureux, aurait pu s'intituler : *Pourquoi le nouvel ouvrage de Laurent Cohen est le fruit des amours de Shéhérazade et du divin Socrate.*

Le lien avec les contes des *Mille et Une Nuits* peut surprendre de prime abord, mais la découverte de ces chroniques, ciselées comme de petits bijoux, qui s'enchaînent l'une l'autre, devrait rapidement faire naître en vous un phénomène d'addiction. Addiction non pas alimentaire, sexuelle ou monétaire, mais addiction au savoir : faire connaissance avec la nature et le fonctionnement de notre cerveau, à travers l'évocation de nombreuses expériences, observations médicales et scientifiques, le plus souvent très récentes, qui sont en passe de bouleverser notre regard sur nous-même, notre rapport à autrui et au monde qui nous environne. De l'élucidation du mystérieux cas du « lapin-canard » à la découverte des surprenants effets du lavage des mains sur nos représentations mentales, en passant par l'exploration de mécanismes cérébraux qui sous-tendent certaines facettes fondamentales de la mémoire et des émotions, du langage, de la cognition sociale, du jugement moral... sans oublier la question du sexe des mathématicien(ne)s, c'est le vaste ensemble des divers champs des neurosciences cognitives actuelles qui est ici mis à contribution. Une profusion de récits et d'explications donc, dont l'exposition lumineuse, accessible et raisonnée ne doit pas faire oublier l'essentiel : cette pédagogie sans jargon n'est pas un savoir de seconde main, dilué ou édulcoré. Laurent Cohen est un professeur de neurologie qui sait faire œuvre de pédagogie sans déconsidérer son lecteur, c'est-à-dire sans dénaturer le savoir qu'il vise à lui transmettre. Derrière ce style agréable et concis, les propos sont d'une précision lapidaire et d'une rigueur sans faille, d'édifiants haïkus. Les articles et travaux présentés dans les différents chapitres sont discutés en *lab meeting* dans de nombreux laboratoires à travers le monde. Savoir transmettre ces petites perles de connaissance scientifique, en brossant en quelques phrases le paysage intellectuel nécessaire à leur compréhension, relève souvent de la gageure. Laurent Cohen fait également œuvre d'encyclopédiste : la variété des territoires de recherche visités n'est pas commune, y compris parmi les neuroscientifiques. Voilà pour Shéhérazade, sauf que les 1 001 nuits ne seront probablement que 40, 20, 10… ou 1 ! Il vous faudra trouver une suite.

Récits, profusion, variété, addiction et pédagogie… Pourquoi Socrate ? Parce que le style de ces chroniques relève d'une maîtrise aboutie de la maïeutique et de l'art du dialogue simulé : à sa façon, Laurent Cohen est une sorte de Platon en costume de médecin hospitalier parisien du XXIe siècle qui interroge son propre savoir sur un ton faussement ingénu. Ce qui confère à ses textes une certaine drôlerie. Humour potache d'élèves brillants qui se jouent d'eux-mêmes et de leurs professeurs en reproduisant les formes canoniques du savoir. Jeu sur le savoir qui permet justement de le désacraliser et, ainsi, de le rendre pensable – donc, bien vivant dans nos esprits. C'est aussi ce qu'il convient de faire avec les données des neurosciences aujourd'hui. Ce livre y contribue. Bonne lecture !

I.

HISTOIRES DE MÉMOIRE

1.

Une amnésie romanesque : le voyageur sans bagages

Je vous propose de revenir sur un fait divers qui s'est produit au printemps 2009, et qui avait été relayé par tous les journaux, la télévision, etc. Une jeune femme s'était présentée devant les employés de la gare de Marseille, complètement perdue. Elle ne savait pas ce qu'elle faisait là. Pis encore, elle semblait avoir oublié qui elle était. Elle ne se souvenait même plus de son nom ! Bref, elle était devenue amnésique...

Certes, mais il s'agissait d'une sorte très particulière d'amnésie, qui correspond surtout à l'idée de l'amnésie véhiculée par les films et par les romans, où l'on raconte souvent l'histoire de gens qui, comme cette Marseillaise, ont perdu tout souvenir de leur identité après je ne sais quel coup sur la tête, ou après un « choc psychologique ».

Il s'agit donc d'une amnésie pour romanciers plutôt que d'une amnésie pour neurologues...

En effet, ce cas est bien différent des amnésies que rencontrent les neurologues, le plus souvent chez les patients qui souffrent de la maladie d'Alzheimer. Concrètement, les troubles de la mémoire qui inaugurent cette maladie empêchent de mémoriser les événements de la vie quotidienne, les informations nouvelles. En revanche, avant d'être parvenus aux stades les plus avancés de la détérioration intellectuelle, les patients « savent qui ils sont », ils se souviennent de leur nom et de l'histoire de leur vie, au moins dans ses grandes lignes[1].

Pourtant, l'histoire de la gare de Marseille est véridique, ce qui suggère que, perdre son identité, cela arrive aussi dans la vraie vie, et pas uniquement dans les romans.

Oui, mais c'est un phénomène très rare et encore passablement mystérieux. Les histoires de ce genre sont très stéréotypées. Comme dans le cas de cette Marseillaise – qui s'est finalement révélée être luxembourgeoise –, on retrouve en général ces amnésiques dans des lieux publics, souvent des gares, seuls et sans papiers d'identité. Surtout, contrairement à l'idée romanesque, ce n'est jamais le résultat d'une maladie bien définie du cerveau – Alzheimer, accident vasculaire cérébral ou autre –, dans laquelle, comme je vous le disais, l'identité est bien la dernière chose qu'on oublie.

1. Pour plus d'explications sur les troubles de la mémoire épisodique, tels qu'on les observe dans la maladie d'Alzheimer, et sur les fonctions de l'hippocampe, voir le chapitre « La mémoire perdue d'un hippocampe », dans mon ouvrage *Pourquoi les chimpanzés ne parlent pas*, Paris, Odile Jacob, 2009, p. 155.

Cela peut-il toucher n'importe qui et n'importe quand ?

Non, sans doute pas n'importe qui ni n'importe quand. Rétrospectivement, on s'aperçoit que les personnes touchées avaient déjà auparavant une personnalité fragile ou un peu pathologique. Et, en général, cela fait suite à un traumatisme psychologique – une agression, un viol, etc. En particulier, il est bien connu qu'il y a beaucoup de cas de ce genre dans les hôpitaux militaires en temps de guerre. Des soldats peuvent réagir de cette manière aux horreurs des combats. Un « fait divers » de ce genre, survenu au cours de la guerre de 1914-1918, a d'ailleurs eu une postérité littéraire notable. En 1918, quelques mois avant la fin de la guerre, on a retrouvé un soldat amnésique, comme d'habitude dans une gare, sans papiers, sans marque distinctive sur son uniforme, sans nom, sans souvenirs de sa vie passée. Faute d'informations sur son identité, il fut interné dans un asile psychiatrique. L'aspect le plus remarquable de son histoire est sans doute que, au long des vingt ans qui ont séparé la Première de la Seconde Guerre mondiale, cet homme, connu sous le nom incertain d'Anthelme Mangin, a été l'enjeu d'interminables et complexes procédures judiciaires. En effet, son portrait avait été largement diffusé par le biais de journaux et d'affiches, et de nombreuses familles ont reconnu en lui un frère, un fils ou un mari disparu, et ont cherché à le faire réintégrer son ancienne identité supposée. Il est finalement mort dans des conditions misérables en 1942, interné à l'hôpital Sainte-Anne, alors que les malheurs de la guerre avaient suspendu les procédures encore en cours...

Et la vie pathétique mais romanesque de cet Anthelme Mangin a donc été recyclée par la littérature ?

S'il est le plus célèbre, il n'est pas le seul soldat amnésique à la sortie de la Grande Guerre. Entre les deux guerres, le personnage du soldat amnésique a inspiré à Jean Giraudoux son roman *Siegfried et le Limousin*, dans lequel un écrivain français amnésique connaît une nouvelle vie dans la peau d'un intellectuel allemand. Quelques années plus tard, ce thème réapparaît dans la pièce de Jean Anouilh *Le Voyageur sans bagages*. Le héros en est un soldat amnésique, en qui une famille pense reconnaître son cher disparu, qu'elle cherche à faire réintégrer à son ancienne place. Et ce ressort dramatique est encore efficace : qu'il me suffise de vous renvoyer à la BD culte *XIII* et à son héros amnésique, ou à l'espion Jason Bourne, immortalisé au cinéma sous les traits de Matt Damon.

Revenons à la neurologie contemporaine. Dans la mémoire d'un amnésique de ce genre, sait-on ce qui « marche » et ce qui « ne marche pas » ?

La capacité d'apprendre de nouvelles choses, de se souvenir des événements récents, ce qu'on appelle en jargon la « mémoire épisodique antérograde », tout cela continue à fonctionner. Les amnésiques de ce type peuvent en principe se souvenir de la liste des courses à faire ou de ce qu'ils ont mangé la veille au soir. En revanche, ce sont les souvenirs autobiographiques, les souvenirs de leur propre vie passée, qui leur font défaut. Souvent, ils gardent d'ailleurs de meilleurs souvenirs des événements publics qui ne les concernent pas directement : ils peuvent ignorer qui sont leurs père et mère, mais savoir éventuellement qui a été élu président de la République.

Vous avez dit, d'une part, que l'amnésie d'identité ne fait pas suite à une maladie neurologique définie et, d'autre part, que cela se produit souvent dans des circonstances psychologiques très particulières et très déplaisantes. Ces gens ne feraient-ils pas simplement semblant de ne plus savoir qui ils sont ?

Il peut en effet y avoir des simulateurs et, en pratique, il peut être difficile de faire la différence. Vous vous souvenez peut-être du mystérieux pianiste allemand qui avait débarqué il y a quelques années en Écosse, muet, amnésique et évidemment génial. Il s'est avéré quelques semaines plus tard qu'il n'était pas si génial que cela, et surtout qu'il faisait juste semblant. Je me souviens d'un patient de ce genre que nous avions hébergé pendant plusieurs semaines à la Pitié-Salpêtrière, avant d'apprendre que c'était un repris de justice qui avait tout intérêt à se faire oublier, si j'ose dire. Cependant, il est indubitable qu'il existe de réelles amnésies d'identité où les patients sont de bonne foi.

Connaît-on les mécanismes de cet incroyable oubli de soi-même ?

L'amnésie d'identité a été souvent qualifiée d'amnésie « hystérique », par analogie avec les paralysies « hystériques » : un patient n'arrive plus à bouger une jambe ou un bras, ne parvient plus à marcher ou à parler, alors qu'on ne constate pas de dégâts objectifs dans son cerveau. Amnésie d'identité et paralysie hystérique se ressemblent donc et sont probablement des phénomènes apparentés, mais, avouons-le, une fois qu'on a dit cela, on n'a pas expliqué grand-chose. Il y a toutefois des données modernes de la psychologie expérimentale qui apportent un éclairage très intéressant à ce mystère. On a montré en effet qu'on peut volontairement se forcer à oublier des choses que l'on sait.

Pouvez-vous nous expliquer cela concrètement ?

Des psychologues ont mis au point une technique ingénieuse, qu'on appelle en anglais *think/no-think*, c'est-à-dire « pensez/ne pensez pas ». L'expérience se déroule en trois étapes (figure 1). D'abord, je vous demande d'apprendre des paires de mots sans rapport l'un avec l'autre : par exemple, « fraise » et « chapeau », « singe » et « pendule », etc. Deuxième étape, un peu plus tard, je vous présente le premier mot de chacune de ces paires, en vous demandant dans certains cas de vous souvenir du mot qui lui était associé et, dans d'autres cas, au contraire, de vous *empêcher* de penser au mot associé. Par exemple, si je vous présente le mot « chapeau » écrit en vert, cela veut dire que vous devez penser au mot associé (« fraise »). En revanche, si je vous présente le mot « pendule » écrit en rouge, cela veut dire que vous ne devez *surtout pas* penser au mot associé (« singe »). À la troisième étape de l'expérience, un peu plus tard encore, je vous présente à nouveau le premier mot de toutes les paires, mais cette fois-ci, vous devez dans tous les cas essayer de vous souvenir du mot associé : pour « chapeau », vous devez vous souvenir de « fraise », pour pendule vous souvenir de « singe », etc. Le résultat important, c'est que les mots auxquels vous vous êtes empêché de penser à la deuxième étape, vous n'arrivez souvent plus à vous les rappeler du tout à la troisième ! Quand je vous dis « chapeau » vous retrouvez « fraise », mais quand je vous dis « pendule » vous n'arrivez pas à vous souvenir de « singe ». Autrement dit, vous avez essayé d'oublier le mot « singe », et vous y êtes arrivé !

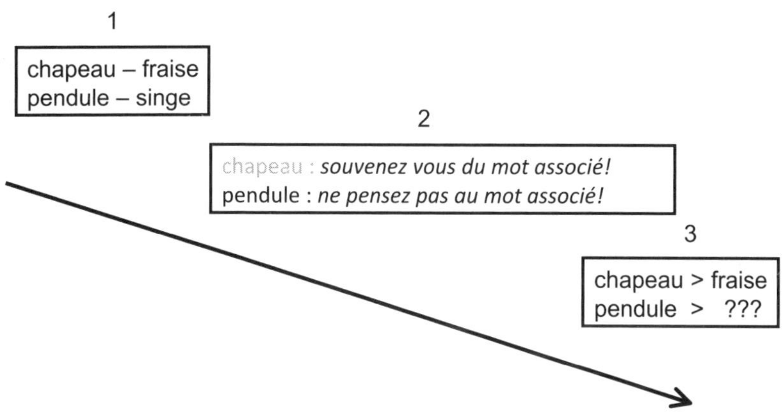

Comment se forcer à oublier…

Figure 1: Une simple technique de psychologie expérimentale montre qu'il est possible d'effacer volontairement un souvenir.

Et sait-on ce qui se produit dans le cerveau au cours de cet « oubli volontaire » ?

On a placé les sujets de cette expérience dans une machine d'IRM fonctionnelle afin d'étudier les activations de leur cerveau précisément pendant qu'ils essayaient de *ne pas* se souvenir d'un mot. On a constaté que pendant qu'on leur montre le mot « pendule » et qu'ils essaient de ne pas se souvenir du mot « singe », il se passe deux choses intéressantes : d'une part, le cortex préfrontal, à l'avant du cerveau, est très actif ; à l'inverse, les hippocampes (voir, plus loin, figure 2), situés dans les régions temporales, sont très peu actifs.

Quelle est la fonction de ces deux régions dans la répression volontaire du souvenir ?

Si vous êtes devant un appétissant buffet et que vous mourez d'envie de vous jeter sur les petits-fours, c'est votre cortex préfrontal qui vous censure et vous retient. D'ailleurs, les patients qui souffrent de lésions préfrontales perdent ces capacités de censure et peuvent lâcher la bride à tous leurs appétits – alimentaires, sexuels et autres. C'est un peu la même chose dans le cas de la mémoire : le cortex préfrontal exerce la censure et interdit au souvenir de remonter. Et comment fait-il cela ? En disant à l'hippocampe, dont la fonction est justement de maintenir les souvenirs : « Endors-toi, hippocampe, je ne veux pas me souvenir… » C'est pourquoi les hippocampes sont très peu actifs pendant que vous essayez de *ne pas* vous souvenir du mot « pendule ».

Après ce détour, expliquez-nous le rapport avec la Luxembourgeoise marseillaise qui avait perdu son identité…

J'y viens. On peut penser que les patients souffrant d'une amnésie d'identité, à l'occasion d'un événement traumatisant, ont, à un moment donné, *voulu* réprimer des pensées, des souvenirs, jusqu'à leur propre nom, et qu'ils y sont parvenus. La possibilité d'inhiber des souvenirs est précisément ce que montre l'expérience avec les mots « singe » et « pendule ». D'ailleurs, une étude japonaise très récente a montré qu'il se passe à peu près la même chose dans la tête d'un « amnésique d'identité » que dans celle des sujets de l'expérience que je vous ai décrite, quand ils essaient à toute force de ne pas se souvenir du mot « singe ». Les chercheurs ont montré à ces patients amnésiques des photos de leurs proches, de leur famille, que les patients déclaraient être de parfaits inconnus. Et ils ont observé, comme tout à l'heure, d'une part, une forte activité dans les régions préfrontales, reflet de la censure sur les souvenirs et, d'autre part, une baisse d'activité dans l'hippocampe, conséquence de cette censure. C'est l'association de ces deux mécanismes qui explique probablement que les souvenirs ne sont pas récupérés.

L'amnésie d'identité reste donc un phénomène exceptionnel et passablement mystérieux, mais on pourrait résumer votre explication en disant : « Ils ont voulu oublier qui ils étaient, et ils y sont parvenus. » Essayons maintenant de prendre un peu de recul par rapport aux amnésies d'identité, spectaculaires mais bien rares. Nous venons de voir qu'il est possible d'oublier volontairement des souvenirs pénibles. Mais, en général, un souvenir pénible n'est-il pas plus tenace que le souvenir d'un événement qui n'est pas chargé d'émotion ?

En effet. Si l'on considère que la raison d'être de la mémoire est de nous permettre de tirer profit de nos expériences passées, il est assez logique que les événements dangereux, et donc effrayants, laissent plus de traces qu'un événement « neutre ». Nous avons plus à en apprendre pour l'avenir. Dans le chapitre « Frousse salutaire et mauvais souvenirs », nous discuterons plus en détail du devenir en nous des mauvais souvenirs. En attendant, allons découvrir quelques autres variantes d'amnésie, moins exceptionnelles que l'amnésie d'identité.

2.

Une mémoire à éclipses

Parlons d'une panne cérébrale très spectaculaire, qui n'est heureusement pas grave, connue sous le nom d'ictus amnésique. De quoi s'agit-il ?

C'est assez simple. Au cours d'un ictus amnésique, pendant quelques heures, on « n'imprime plus », on ne forme plus de nouveaux souvenirs et, par conséquent, on oublie au fur et à mesure tout ce qui se passe. En fait, comme ce phénomène ne dure pas très longtemps, il est bien rare qu'un neurologue voie de ses propres yeux un ictus amnésique en cours. Presque toujours, le patient vient consulter après coup, pour raconter ce qui lui est arrivé.

Et que racontent donc les patients ?

À vrai dire, les patients eux-mêmes ne se souviennent en général de rien, et c'est leur entourage qui décrit ce qui s'est produit. Les choses commencent brusquement. Tout à coup, le patient a l'air complètement perdu, perplexe. Il pose des questions incessantes : « Où sommes-nous ? », « Qu'est-ce que je suis en train de faire ? », « Quelle heure est-il ? » Les gens qui se trouvent avec lui ont beau répondre de leur mieux, il continue à reposer en boucle les mêmes questions, souvent avec une anxiété qui ne s'apaise pas, puisqu'il oublie aussitôt les réponses qu'on lui donne. La victime « n'imprime plus ». À part ça, tout va bien, si je puis dire. Les gens restent parfaitement éveillés et conscients, et peuvent même continuer les activités dans lesquelles ils étaient engagés : faire la cuisine, conduire une voiture, etc. J'ai vu récemment en consultation un homme qui faisait du bateau en solitaire sur les côtes bretonnes et qui a été victime d'un ictus en pleine mer. Malgré tout, il a pu mener son bateau à bon port en quelques heures. Ce qui lui a semblé curieux, à son arrivée, c'est qu'il n'avait gardé aucun souvenir de sa traversée. En outre, il avait téléphoné une demi-douzaine de fois, depuis son bateau, à la même amie, pour lui poser chaque fois les mêmes questions et lui demander de venir le chercher à son arrivée au port.

Combien de temps dure cet état amnésique ?

L'ordre de grandeur est de quelques heures, et l'ictus survient le plus souvent dans la matinée. Tout rentre ensuite dans l'ordre spontanément et progressivement.

Y a-t-il des séquelles après coup ?

Non, la mémoire retrouve son fonctionnement normal. Reste simplement un trou de quelques heures : jamais les souvenirs de ce qui s'est passé pendant l'ictus ne reviendront.

Tout le monde peut-il avoir un ictus amnésique ?

C'est surtout une question d'âge. Les gens touchés ont presque toujours entre 50 et 80 ans. Les hommes et les femmes en sont victimes à peu près à égalité.

Et sait-on ce qui déclenche un ictus ?

Pas toujours, mais près d'une fois sur deux, on trouve un événement qui a favorisé la survenue de l'ictus : un gros effort physique, une émotion ou un stress violents, ou un changement brusque de température. Par exemple, une baignade dans une eau très froide est une cause bien connue. Parmi les efforts physiques (et accompagnés d'une certaine émotion...), les relations sexuelles sont aussi un grand classique. Un patient était venu me voir, accompagné de sa femme, à la suite d'un ictus qui avait juste suivi leurs rapports intimes. Je l'avais rassuré, mais il était revenu quelques jours plus tard, seul, et après avoir un peu tourné autour du pot, il m'a révélé qu'en fait il avait été victime de trois autres ictus, dans des circonstances analogues, mais en compagnie de diverses amies, et que la répétition du phénomène l'inquiétait beaucoup...

Justement, est-il fréquent que les ictus se répètent ?

Dans la grande majorité des cas, l'ictus reste unique, même s'il semble que la survenue d'un ictus soit plus probable chez quelqu'un qui en a déjà eu un que chez quelqu'un qui n'en a jamais souffert.

Quelle est la cause, le mécanisme, de l'ictus amnésique ?

On sait à peu près quel est le système cérébral qui cesse de fonctionner pendant un ictus, mais on ne sait pas bien quelle est la nature de cette panne. La région en question, c'est l'hippocampe et d'autres régions qui l'entourent. Les hippocampes, qui tiennent leur nom de leur forme… d'hippocampe, se trouvent à la face cachée des lobes temporaux. Leur principale fonction est de créer de nouveaux souvenirs. C'est d'ailleurs la région du cerveau qui est une des premières à être touchées au cours de la maladie d'Alzheimer. Schématiquement, des techniques d'imagerie cérébrale montrent qu'au cours d'un ictus amnésique, l'activité de l'hippocampe diminue, puis qu'elle redevient normale une fois celui-ci terminé.

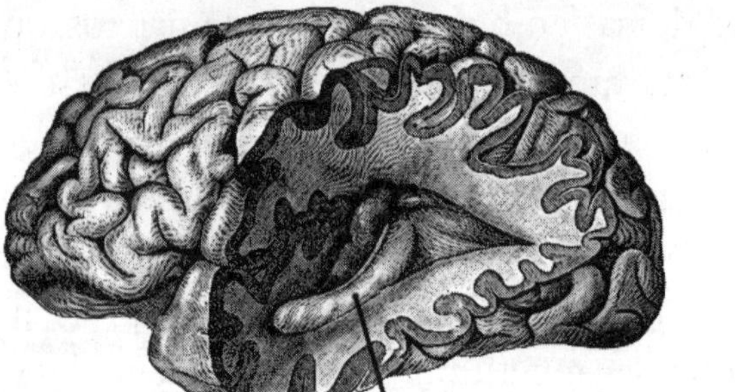

Figure 2: Les hippocampes, cachés dans les profondeurs du cerveau, sont essentiels pour la formation de nouveaux souvenirs.

Sait-on pourquoi les hippocampes arrêtent de fonctionner ? Peut-on parler d'accident vasculaire cérébral ?

On a évoqué toute une palette de mécanismes différents, dont aucun n'a vraiment fait sa preuve : crise d'épilepsie, migraine, accident vasculaire, etc. Ce qui semble tout de même certain, c'est qu'intervient un mécanisme vasculaire, c'est-à-dire circulatoire, mais pas comme dans les accidents vasculaires conventionnels. Ce que j'appelle « accidents vasculaires conventionnels », c'est une artère qui se bouche, ou qui se rompt et qui saigne. Dans l'ictus amnésique, il semble que l'augmentation de la pression dans les veines, ce qui se produit typiquement au cours d'un effort physique, puisse jouer un rôle.

En pratique, que faut-il faire si vous êtes avec quelqu'un qui a un ictus amnésique sous vos yeux ?

Un ictus amnésique est très spectaculaire et inquiétant, d'autant que la plupart des gens ignorent que cela existe. La première chose à faire, c'est de ne pas paniquer et d'essayer de rassurer la personne concernée en répondant à ses questions répétées, en lui expliquant ce qui est en train de lui arriver. Une seconde chose, c'est qu'il faut quand même l'emmener consulter au plus vite un médecin. En fait, la seule utilité d'un avis médical en urgence, c'est de s'assurer qu'il s'agit bien d'un ictus amnésique. En effet, il peut y avoir ce que les médecins appellent des « diagnostics différentiels », c'est-à-dire des affections qui ressemblent à un ictus bénin, mais qui n'en sont pas. Il faut donc qu'un « homme de l'art » vérifie qu'il n'y a pas, en plus de l'amnésie, d'autres troubles neurologiques qui pourraient donner l'alerte et orienter par exemple vers un accident vasculaire ou une crise d'épilepsie. S'il s'avère que c'est un vrai ictus typique comme ceux que je vous ai décrits, il n'y a pas grand-chose à faire dans l'immédiat. On attend que ça se passe, et on fait ensuite un bilan médical.

3.

L'amnésie infantile, ou les souvenirs au berceau

Je me souviens de ce que j'ai fait hier soir, ou de mes dernières vacances, ou, en remontant plus loin, de mon institutrice de maternelle. Au-delà, c'est le trou noir. Est-il vrai que nous n'avons aucun souvenir de nos toutes premières années ?

Si j'explore mon passé, en remontant dans le temps, je vais remarquer trois choses (figure 3). La première, et ce n'est pas une surprise, c'est que plus je remonte loin, moins j'ai de souvenirs : je me souviens de beaucoup d'événements qui ont eu lieu l'année dernière, un peu moins de l'année précédente, etc. En effet, au fur et à mesure que le temps passe, certains événements tombent dans l'oubli. La deuxième chose, c'est que, sur la courbe des souvenirs, il y a une sorte de bosse, qu'on appelle le pic de réminiscence : je me souviens de beaucoup de choses qui me sont arrivées entre 10 et 30 ans, plus qu'on ne s'y attendrait compte tenu de l'ancienneté de cette heureuse période. Enfin, la troisième chose, et c'est ce que vous évoquiez, c'est l'amnésie infantile, c'est-à-dire le fait qu'en dessous de 5-7 ans, les souvenirs deviennent beaucoup plus rares et vagues, et qu'avant l'âge de 2 ans, on ne se souvient plus de rien du tout.

Mais comment pouvez-vous dire qu'on ne se souvient de rien avant 2 ans, alors que c'est avant cet âge qu'on apprend à parler, à marcher, à vivre avec sa famille, à différencier les chats et les chiens, etc. ?

C'est vrai, on apprend une infinité de choses avant 2 ans, et ces savoirs nous resteront toute notre vie. Ce qu'on ne peut pas récupérer au-delà de la barrière des 2 ans, c'est un type de souvenirs bien particuliers, les souvenirs autobiographiques, c'est-à-dire les souvenirs d'événements précis qui nous sont arrivés avant cet âge.

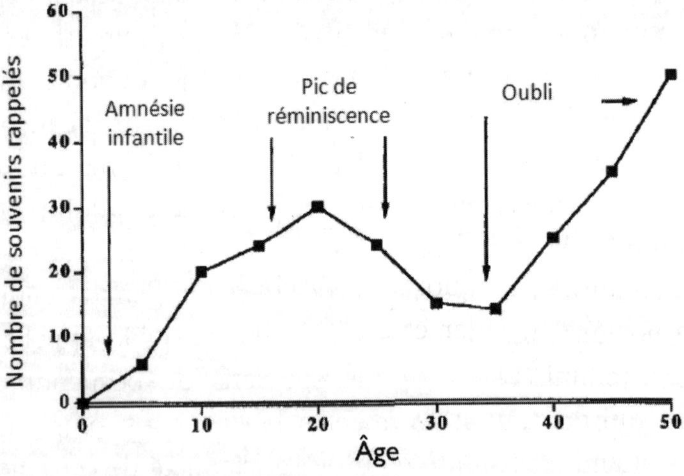

Figure 3 : Courbe représentant le nombre de souvenirs qu'il est possible de se rappeler en fonction de l'âge auquel les événements sont survenus.

Connaît-on la cause de cette amnésie ?

Ce n'est pas du tout une question réglée. Les causes peuvent être multiples, même en mettant de côté les idées psychanalytiques selon lesquelles elle résulterait d'un « refoulement » de la sexualité infantile. Disons que, comme dans tous les domaines du fonctionnement cérébral, beaucoup de choses changent au cours des premières années.

Regardons plus en détail deux éléments d'explication. Premièrement, pour fabriquer de nouveaux souvenirs, la face cachée de nos lobes temporaux, notamment l'hippocampe, joue un rôle essentiel. Or ces régions ne sont pas mûres à la naissance, et leur maturation prend quelques années. C'est pourquoi certains pensent que les bébés sont amnésiques, qu'ils ne forment pas de souvenirs de ce qui leur arrive.

Intuitivement, quand on a des enfants en bas âge, on a du mal à croire qu'ils ne se souviennent pas de ce qui se passe au jour le jour…

C'est en effet une question débattue. Mais il est très difficile de savoir de quoi se souvient un bébé quand il est trop petit pour parler et vous raconter ses éventuels souvenirs. Toutefois, à condition de faire preuve d'astuce, il est possible de sonder la mémoire des bébés. Par exemple, on montre à un bébé une sorte de boîte, et on lui montre comment faire pour l'ouvrir et trouver la petite figurine qui est dedans. La manœuvre est assez compliquée : il faut tirer un levier, puis appuyer sur une poignée, puis ouvrir la porte. Si on montre cela à un bébé de 20 mois et que, deux semaines plus tard, on lui donne la boîte, il réussit à l'ouvrir, car il se souvient de ce qu'il a vu. L'interprétation n'est pas univoque, mais cela suggère qu'un bébé peut effectivement créer des souvenirs de ce qu'il vit.

Ce qui nous amène, je suppose, à une seconde explication de l'amnésie infantile ?

Exactement. Admettons que le bébé est capable de fabriquer des souvenirs. Le problème, c'est qu'il ne peut faire que des souvenirs « de bébé ». Si moi, adulte, je vois un pompier arriver en courant, glisser sur une peau de banane et se rattraper à un réverbère, je peux élaborer un souvenir riche et structuré de cette scène, parce que je sais ce qu'est un pompier, une banane, un réverbère, courir, être pressé, et comment tout cela s'appelle. Bref, tout cela se rattache à ma connaissance des choses et du monde. Mais le bébé, qui n'a pas la moindre idée de tout cela ni aucun mot pour nommer la banane ou le pompier, ne va pouvoir faire, au mieux, qu'un souvenir rudimentaire, fragile. Et même s'il en reste une trace au tréfonds du cerveau, un esprit d'adulte ne saura peut-être plus comment aller le retrouver.

Donc les enfants ne pourraient se souvenir que des choses dont ils connaissent le nom ?

En tout cas, le langage aurait un rôle déterminant. Pour tester cette idée, des psychologues ont présenté à des adultes toute une série de mots, en leur demandant de rappeler leur souvenir le plus ancien concernant ce mot et de le dater. Par exemple : « Racontez-moi votre plus ancien souvenir de sandwich, et dites-moi à quel âge cela vous est arrivé. » Ils ont testé comme cela des mots que les enfants apprennent à différents âges. Par exemple, « sandwich » est appris en moyenne à 34 mois, « champignon » à 56 mois et « vase » à 71 mois.

Et qu'ont-ils trouvé ?

Ils ont montré qu'il s'écoule environ un an entre le moment où un bébé apprend un mot et le moment dont date son premier souvenir portant sur cet objet. Si vous apprenez le mot « sandwich » à 34 mois, votre premier souvenir de sandwich remontera à l'âge de 46 mois environ. Par conséquent, quand un mot est appris tôt, le premier souvenir sera formé tôt, et quand un mot est appris plus tard, le premier souvenir sera formé plus tard. Autrement dit, il y a un lien entre, d'une part, l'acquisition du vocabulaire, des mots et de leur sens et, d'autre part, la formation de souvenirs qui seront récupérables à l'âge adulte.

Et donc ?

Pour pouvoir découper et mémoriser les événements de sa vie sous une forme telle que l'adulte pourra ensuite les récupérer, l'enfant doit donc disposer de concepts, d'idées, de mots, qui sont à peu près ceux des adultes. Ces concepts et ces mots, le bébé ne les possède pas à la naissance et doit les acquérir progressivement. C'est une des conditions pour sortir des brumes de l'amnésie infantile.

4.

On ne s'est pas déjà vus quelque part ?

Vous allez nous parler d'un phénomène assez banal, mais qui reste mystérieux : ce qu'on appelle l'impression de déjà-vu. Comment pourrait-on la décrire, et dans quelles circonstances se produit-elle ?

Offrons-nous une petite citation du philosophe Henri Bergson, qui, en 1908, décrit élégamment la chose dans « Le souvenir du présent et la fausse reconnaissance » : « Brusquement, tandis qu'on assiste à un spectacle ou qu'on prend part à un entretien, la conviction surgit qu'on a déjà vu ce qu'on voit, déjà entendu ce qu'on entend, déjà prononcé les phrases qu'on prononce – qu'on était là, à la même place, dans les mêmes dispositions, sentant, percevant, pensant et voulant les mêmes choses –, enfin qu'on revit jusque dans le moindre détail quelques instants de sa vie passée. » C'est un sentiment très troublant, qui survient dans deux circonstances très différentes. D'une part, le phénomène peut se produire chez des gens bien portants, et n'a alors absolument rien de pathologique. C'est même fréquent, puisque des enquêtes prouvent qu'une grande majorité de gens se souviennent avoir éprouvé au moins une fois une impression de déjà-vu. Il semble que le phénomène survienne plus souvent dans les périodes de fatigue et de stress. Les gens jeunes y sont plus exposés, puis le phénomène se produit de moins en moins souvent au cours du vieillissement. Hommes et femmes sont concernés au même degré.

Et quelle est l'autre circonstance dans laquelle survient ce phénomène de déjà-vu ?

Chez certains patients souffrant de crises d'épilepsie, ce phénomène fait partie des manifestations de la crise. Rappelons qu'une crise d'épilepsie est une sorte de décharge électrique anormale et synchronisée de millions de neurones. Cette décharge peut soit se restreindre à une région du cerveau (on parle alors de crises focales), soit se diffuser à l'ensemble de celui-ci (on parle alors de crises généralisées). Les crises qui peuvent engendrer un phénomène de déjà-vu sont des crises focales bien particulières, qui se produisent dans les lobes temporaux et qui affectent notamment des régions situées à la face cachée des lobes temporaux, impliquées dans la mémoire, notamment les amygdales et les hippocampes. Les patients qui subissent ce genre de crises souffrent souvent d'autres distorsions curieuses de la mémoire, comme l'impression hallucinatoire de revivre des scènes de leur passé.

Comment peut-on expliquer l'impression de déjà-vu ?

De nombreuses explications ont été proposées, mais aucune n'est parfaitement satisfaisante. Certaines appartiennent au registre du conte de fées, comme la belle idée qu'il s'agirait de souvenirs issus de nos vies antérieures, alors que nous n'étions autres que le pharaon Toutankhamon ou Blaise Pascal. Plus sérieusement, depuis le XIXe siècle, les psychologues se sont penchés sur ce phénomène. À en croire la plupart des explications proposées, le déjà-vu serait une sorte de « loucherie » de la pensée. Je m'explique : normalement, chacun de nos deux yeux nous fournit une image du monde, mais nous ne nous en apercevons pas parce que ces deux images sont fondues en une seule par notre cerveau. En revanche, si nous louchons énergiquement, les deux images ne sont plus fusionnées, et nous voyons la réalité en double. D'une manière un peu analogue, les psychologues ont souvent suggéré que nous appréhendons la réalité présente grâce à plusieurs processus psychologiques simultanés : perception et mémorisation, conscience du monde extérieur et conscience de nous-même, fabrication et récupération des souvenirs, etc. Si ces différents processus perdent temporairement leur belle synchronisation, au lieu de percevoir la réalité « en simple », nous la percevons « en double ».

Y a-t-il moyen de réconcilier la foule d'explications psychologiques auxquelles vous faites allusion et ce qui se passe pendant les crises d'épilepsie ?

Il me semble qu'on peut s'y retrouver en faisant appel à l'idée de familiarité plutôt qu'à celle de pensée double. Imaginez que vous vous trouvez par exemple dans un restaurant que vous connaissez bien. Deux choses se produisent alors en même temps. D'une part, vous récupérez dans votre mémoire les souvenirs épisodiques concernant cet endroit : vous vous souvenez que vous y étiez quinze jours plus tôt avec votre sœur, que le homard était coriace, etc. D'autre part, vous éprouvez un sentiment de familiarité, de déjà-vu qui, dans ce cas, est tout à fait adapté. Mais il arrive que la remontée des souvenirs et la sensation de familiarité se produisent séparément l'une de l'autre. La raison en est probablement que la familiarité et la récupération des souvenirs impliquent des systèmes cérébraux distincts, dont le fonctionnement n'est pas toujours parfaitement coordonné. Dans le cas des crises d'épilepsie, on peut penser que le système responsable de la familiarité se met en route de façon anarchique et provoque cette sensation, même dans des endroits totalement inconnus.

Et qu'en est-il du déjà-vu non épileptique qui survient chez vous et moi ?

On ne sait pas bien ce qui se produit dans le cerveau pendant les épisodes de déjà-vu « normaux », mais on peut remarquer que la dissociation des souvenirs et de la familiarité n'a rien d'exceptionnel. Si vous rencontrez quelqu'un que vous connaissez dans un endroit très inhabituel, par exemple votre marchand de journaux dans la file d'attente au cinéma, vous allez vous dire pendant quelques minutes : « Je sais que je connais très bien ce bonhomme, mais qui est-ce donc ? » Vous aurez la familiarité, mais sans la reconnaissance de la personne. Ce n'est ni plus ni moins qu'une sensation de déjà-vu. Dans ce cas, elle est « justifiée », dans la mesure où vous avez vraiment déjà vu cet homme. L'inverse est aussi possible : il existe des patients qui peuvent avoir la reconnaissance sans la familiarité. En voyant son mari, une femme va se dire : « On dirait tout à fait mon mari [donc elle le reconnaît], mais je suis sûre que ce n'est pas vraiment lui, mais un imposteur déguisé [parce qu'elle n'éprouve pas de sentiment de familiarité]. » Bref, reconnaissance et familiarité ne vont pas toujours de pair[1].

Et que se passe-t-il pendant le phénomène de déjà-vu ?

Dans le phénomène de déjà-vu, le sentiment de familiarité se déclenche alors que vous n'avez en réalité jamais été là où vous êtes, jamais vu cet homme ou cet endroit. On ne connaît pas vraiment le mécanisme cérébral de ce phénomène. Dans certains cas, il s'agit peut-être simplement de vrais souvenirs dont on a oublié l'origine. Par exemple, si vous avez vu un mois plus tôt une photo de l'aéroport de Lyon, que vous avez complètement oublié

1. Voir le chapitre « Le cauchemar des sosies » dans *Pourquoi les chimpanzés ne parlent pas*, *op. cit.*, p. 104.

avoir vu cette photo, et que vous passez ensuite par cet aéroport, vous aurez peut-être une impression de déjà-vu, de familiarité, dont vous ne pourrez jamais vous expliquer l'origine.

Sigmund Freud a supposé qu'il s'agirait du souvenir d'un rêve ou d'une rêverie, bref de quelque chose que nous aurions imaginé quelque temps auparavant, tout en le refoulant de notre conscience. Le sentiment de déjà-vu surgirait alors comme un « je me souviens, mais de quoi ? ».

5.

Les records d'une tête de linotte

Qui ne s'est jamais demandé : « Où ai-je rangé mes clés ? Où ai-je garé ma voiture hier soir ? » C'est très courant, surtout à partir d'un certain âge. Certains animaux ont des leçons à nous donner dans ce domaine. Les champions toutes catégories, quand il s'agit de retrouver ce qu'on a rangé dans un coin, sont de petits oiseaux, et en particulier les oiseaux de la famille des geais…

À la belle saison, ils prennent des graines et ils les cachent pour pouvoir les récupérer quelques mois plus tard, quand l'hiver sera venu, dans des petits trous dans le sol, dans des fentes d'écorce, etc. Le record le plus remarquable appartient au casse-noix d'Amérique, qui peut cacher jusqu'à, tenez-vous bien, 25 000 graines dans 2 500 cachettes différentes, réparties sur 250 km² (figure 4). Et il parvient à en récupérer ensuite environ 70 %.

Figure 4 : Malgré son bec pointu, ce petit casse-noix d'Amérique est un prodige de la mémoire.

Sait-on comment ils font pour retrouver toutes ces graines ?

Ils se repèrent par rapport à des éléments naturels : rochers, arbres, ruisseaux. En combinant plusieurs indices de ce genre, ils réussissent à s'y retrouver même quand les détails du paysage ont changé, par exemple quand le sol est couvert de neige. Ces capacités remarquables ont été étudiées dans la nature, mais aussi dans des laboratoires d'éthologie, la science qui étudie le comportement animal.

Et qu'y a-t-il de particulier dans le cerveau de ces oiseaux qui leur donne cette mémoire de l'espace si développée ?

Une fois de plus, l'hippocampe est impliqué dans l'affaire. Comme vous le savez, l'hippocampe est essentiel pour la formation de nouveaux souvenirs, en particulier dans le domaine de la mémoire des positions dans l'espace. Si on compare différentes espèces d'oiseaux qui stockent des graines, la taille de leurs hippocampes varie, et il se trouve que l'hippocampe est d'autant plus gros que l'espèce a des capacités plus développées de cacher et de retrouver des graines.

Donc, ces petits oiseaux se souviennent d'être allés cacher des graines dans des centaines d'endroits différents. Ont-ils aussi des souvenirs des épisodes passés de leur vie, comme vous ou moi ?

Pas si vite, cette conclusion ne va pas de soi. Vous pouvez parfaitement savoir où se trouve la place de la Madeleine à Paris, sans avoir aucun souvenir personnel d'y être allé, mais par exemple parce que vous avez consulté une carte. De la même manière, les oiseaux pourraient savoir où se trouvent les graines qu'ils ont cachées, sans pour autant se souvenir du moment vécu où ils sont allés les cacher.

Mais comment savoir ? On ne peut tout de même pas leur poser la question ! Les petits oiseaux ne vont pas aller vous raconter qu'ils se souviennent d'être allés cacher trois graines de tournesol derrière un rocher le 15 septembre dernier...

Certes, mais on peut quand même essayer de savoir si ces oiseaux ont de vrais souvenirs. Pendant quelques jours, des chercheurs ont donné à des oiseaux cacheurs, d'une part, des cacahuètes, qu'ils aiment raisonnablement et, d'autre part, des petits vers, qu'ils adorent. Il faut savoir que les cacahuètes se conservent très bien, mais que les vers sont périssables, ils meurent assez vite et ne sont plus alors bons à manger. Bref, les oiseaux sont allés cacher graines et vers à différents endroits. Quelque temps plus tard, on a laissé les oiseaux récupérer la nourriture cachée. Il y avait deux possibilités : soit on attendait seulement quatre heures avant de laisser les oiseaux récupérer leur nourriture, soit on attendait cinq jours. Les oiseaux ne se comportaient pas de la même manière dans les deux cas. Quand quatre heures seulement s'étaient écoulées, ils se précipitaient pour récupérer en priorité les vers qu'ils adorent. Si, en revanche, plusieurs jours étaient passés, ils n'allaient pas chercher les vers, mais les cacahuètes. Pourquoi ? Parce qu'ils savent, sans même être allés vérifier, qu'au bout de quelques jours, les vers sont morts et incomestibles et, faute de mieux, ils vont directement chercher les cacahuètes.

Et quelle est la morale de cette expérience ?

Cette expérience montre qu'au moment de récupérer leur nourriture les oiseaux se souviennent de *quoi*, d'*où*, et de *quand* : quelle nourriture (vers ou cacahuètes) ils ont cachée, à quel endroit ils l'ont cachée, mais aussi à quel moment (il y a longtemps ou pas). Or l'association d'un *quoi*, d'un *où* et d'un *quand*, c'est ce qui fait un vrai souvenir : vous vous souvenez que vous avez mangé quoi (un croissant), quand (ce matin) et où (au café du coin).

Puisque nous en sommes à parler d'animaux, quand on évoque une bonne mémoire, on fait rarement référence à la mémoire de l'oiseau, mais plutôt à celle de l'éléphant. Est-il vrai que ces derniers ont une excellente mémoire ?

Oui, les éléphants ont aussi une très bonne mémoire. Mais gardons cela pour notre prochain chapitre.

6.

La mémoire d'une vieille éléphante

Nous venons de voir que certains petits oiseaux ont une mémoire prodigieuse. Mais est-il vrai, comme on le dit, que les éléphants ont une excellente mémoire ?

A priori, ils ont besoin d'une bonne mémoire dans deux domaines au moins : la géographie et les relations sociales.

Pourquoi la géographie ?

C'est une question de régime alimentaire. Comme ils ont besoin de manger des quantités énormes de végétation, ils doivent se déplacer sur de grandes distances. Ils doivent aussi trouver à boire, dans un environnement souvent aride. Pour cela, il leur faut être capables de se repérer sur de très grands espaces, pour pouvoir voyager de puits en puits, souvent espacés de dizaines de kilomètres. On a pu démontrer que la mémoire spatiale est en effet vitale pour faire face à ces problèmes. En 1992, une grande sécheresse a touché le parc national de Tanzanie. Les groupes d'éléphants qui étaient guidés par une matriarche âgée de plus de 35 ans s'en sont bien sortis et ont survécu. La vieille éléphante a pu les guider vers des sources lointaines dont elle se souvenait. Or ces souvenirs remontaient à la précédente sécheresse, qui avait eu lieu plusieurs dizaines d'années auparavant. En revanche, les familles dont la matriarche avait été tuée par des braconniers ont été décimées, puisqu'elles ne bénéficiaient pas de la mémoire géographique d'une vieille éléphante.

Vous disiez que les éléphants doivent aussi avoir une bonne mémoire dans le domaine social…

Les éléphants ont une organisation sociale assez élaborée. Ils forment des familles, qui sont elles-mêmes regroupées en clans, qui ont eux-mêmes des relations. Comme, de plus, ce sont des animaux qui vivent vieux, ils ont une véritable vie sociale. Cela suppose qu'ils puissent garder en mémoire et reconnaître de nombreux congénères, ne pas confondre un neveu avec un membre du clan voisin, par exemple…

Et les éléphants ont-ils en effet de telles capacités ?

Des éthologistes ont enregistré des barrissements d'éléphants et les ont fait entendre à d'autres éléphants, au moyen de haut-parleurs dissimulés dans la savane. Ils ont examiné le comportement des éléphants exposés à ces sons : s'approchaient-ils des haut-parleurs ? Répondaient-ils aux cris enregistrés ? Ils ont montré que les éléphants distinguent bien les cris des membres de leur propre famille, d'une part, de ceux de congénères plus éloignés mais appartenant au même clan qu'eux et, d'autre part, de ceux de parfaits inconnus. Compte tenu de la taille des familles, ces observations ont permis d'estimer que ces éléphants sont capables de reconnaître au moins une centaine d'individus différents, uniquement sur la base de leur voix. Qui plus est, ces souvenirs ont la vie longue. On a montré que certains de ces cris étaient reconnus plusieurs années après la mort des éléphants qui avaient été enregistrés. Et cette excellente mémoire sociale s'applique aussi à d'autres indices qu'aux barrissements. Ainsi, des éléphants sont capables de reconnaître l'odeur de l'urine de leur propre mère plusieurs dizaines d'années après l'avoir quittée.

Et sait-on sur quoi repose cette excellente mémoire ?

Je suppose que la mémoire des éléphants fonctionne, en gros, comme la nôtre. En tout cas, chez les éléphants, les hippocampes sont assez majestueux, volumineux et plissés (figure 5).

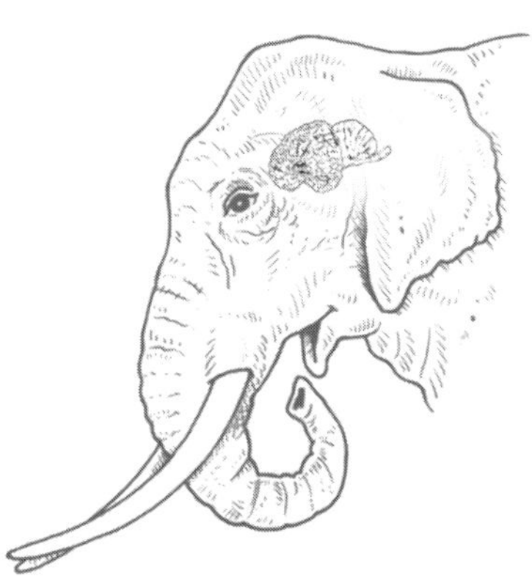

Figure 5 : Le cerveau d'un éléphant pèse environ 7 kg et héberge de gros hippocampes.

Donc la mémoire des éléphants n'est pas qu'une légende. Et puisque nous parlons des éléphants, y a-t-il d'autres domaines dans lesquels ils montrent de bonnes aptitudes intellectuelles ?

Les éléphants peuvent à l'occasion utiliser des outils, par exemple agiter une branche pour chasser les mouches qui les harcèlent, mais cela ne va pas très loin. En fait, c'est encore dans le domaine social qu'ils font des choses intéressantes : ils aident leurs congénères en difficulté, ils manifestent un grand intérêt pour les cadavres ou les squelettes de ces derniers. Ils sont aussi une des rares espèces à se reconnaître dans un miroir (figure 6).

Figure 6 : L'éléphant de gauche se regarde dans le grand miroir installé dans son enclos.

Comment peut-on bien faire pour savoir qu'un éléphant se reconnaît dans un miroir ?

Une expérience simple et ingénieuse a consisté à tracer une grosse croix blanche sur le front de trois éléphants d'Asie et à voir comment ils se comportaient face au miroir qu'on avait placé dans leur cage de zoo.

Et que s'est-il passé ?

Tout d'abord, les trois éléphants ont remarqué le miroir et s'y sont fortement intéressés. Ils ont tous essayé de regarder derrière pour comprendre. Ensuite, ils ont commencé à faire les zouaves devant le miroir pour en tester le fonctionnement. Les trois éléphants ont fait cela, mais l'un d'entre eux est allé plus loin encore. Cet éléphant a en effet utilisé le miroir pour aller toucher, avec sa trompe, la marque qui avait été tracée sur son front. Autrement dit, il semblait avoir « compris » que l'éléphant du miroir n'était autre que lui-même. Les seuls autres animaux à faire cela sont les grands singes, les dauphins… et on a montré récemment que les pies semblent avoir cette même compétence. C'est assez spéculatif, mais cette capacité d'utiliser spontanément un miroir suggère que ces animaux peuvent prendre une certaine distance avec eux-mêmes et peut-être voir les choses en se mettant à la place de quelqu'un d'autre.

Donc, malgré la grande distance entre nos deux espèces, il se peut que nous ayons des points communs avec les éléphants : une bonne mémoire, une vie sociale développée, peut-être même une certaine idée de la mort…

7.

Nouveaux neurones, nouvelle mémoire ?

On dit que, chaque jour de notre vie, nous perdons d'innombrables neurones, les cellules nerveuses de notre cerveau, alors que, dans le même temps, nous n'en fabriquons aucune nouvelle. Cette idée, un peu inquiétante, est-elle vraie ?

Au cours du développement de l'embryon, les neurones se différencient et se multiplient, pour parvenir aux centaines de milliards de cellules que nous hébergeons dans notre cerveau. Jusqu'à récemment, on avait en effet l'idée que cette multiplication des neurones s'arrêtait définitivement aux alentours de la naissance. On peut faire remonter cette idée à Santiago Ramón y Cajal, un très grand homme, un des pères fondateurs des neurosciences, prix Nobel en 1906 (figure 7). Il a décrit l'organisation microscopique du système nerveux, avec des illustrations absolument magnifiques dessinées de sa main. Il pensait qu'une fois le développement terminé, dans le cerveau adulte, tout était définitivement figé. Dans cet esprit, Ramón y Cajal a écrit : « Les sources de

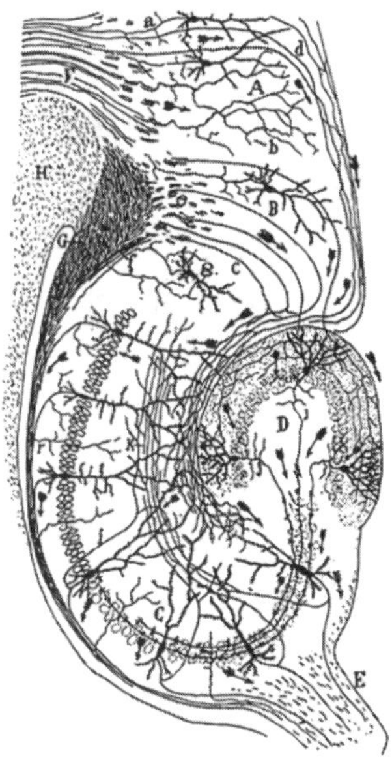

Figure 7 : Santiago Ramón y Cajal (1852-1934), et un dessin de sa main de l'organisation neuronale de l'hippocampe.

la croissance sont taries, tout peut mourir, rien ne peut se régénérer, et c'est une tâche pour la science du futur de dépasser cette fatalité. »

D'où venait cette idée que le cerveau adulte est totalement figé ?

Il y avait plusieurs arguments en faveur de cette hypothèse. D'une part, il est facile de constater que les lésions du cerveau ne se réparent pas bien. Après une blessure, la peau cicatrise sans trace, le foie peut se régénérer en totalité même s'il est détruit aux trois quarts. La même chose n'est, hélas, pas vraie du cerveau. D'autre part, si l'on voit le cerveau comme une sorte de mécanique d'horlogerie parfaite et hautement complexe, on pourrait en conclure que retirer ou ajouter des rouages ne peut que bouleverser ces circuits parfaitement achevés et ajustés. Et finalement, d'un point de vue purement technique, ce n'est que très récemment qu'il est devenu possible d'étudier l'éventuelle multiplication des neurones dans un cerveau vivant. Du temps de Ramón y Cajal, les techniques expérimentales nécessaires n'existaient pas.

Voulez-vous dire qu'on a finalement découvert que les neurones continuaient à se multiplier dans le cerveau adulte ?

En effet, on s'est aperçu que, dans des cerveaux d'animaux adultes (y compris chez l'homme), des neurones continuent à se multiplier, au moins dans deux régions particulières, le bulbe olfactif (figure 8), qui intervient dans l'odorat, et l'hippocampe, dont on connaît l'importance pour l'apprentissage et la mémoire. Dans les années 1960, on a découvert que des cellules se multipliaient dans l'hippocampe adulte et, dans les années 1970, on a pu confirmer qu'il s'agissait bien de neurones, de cellules nerveuses, et pas de ce qu'on appelle des cellules gliales, qui sont là pour soutenir et nourrir les neurones.

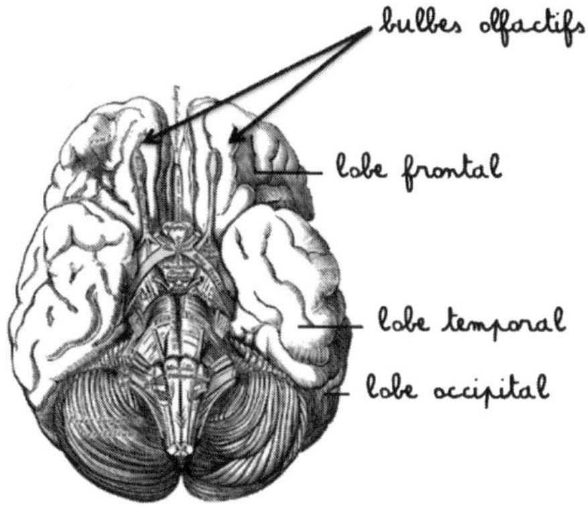

Figure 8 : Les bulbes olfactifs, placés sous le cerveau juste au-dessus des fosses nasales, sont comme les hippocampes des régions où les neurones se multiplient jusqu'à l'âge adulte.

Et sait-on si ces « nouveaux neurones » qui apparaissent dans le cerveau adulte servent effectivement à quelque chose ?

L'importance de la fabrication de nouveaux neurones a d'abord été établie chez les oiseaux chanteurs. Prenons un exemple. Tous les ans, les canaris mâles renouvellent le répertoire de leurs chants, et cet apprentissage de nouveaux chants repose notamment sur la formation de nouveaux neurones, qui se développent et se connectent aux circuits du chant dans le cerveau des canaris. Après les oiseaux, on a montré que les neurones nouvellement formés jouaient aussi un rôle chez les rongeurs. En fait, dès qu'on entraîne un rat à réaliser une tâche qui met l'hippocampe à contribution, par exemple retrouver son chemin dans un labyrinthe, cela favorise la prolifération des neurones hippocampiques. Bref, la prolifération semble jouer un rôle dans la consolidation des souvenirs.

Pour l'instant vous avez évoqué uniquement de petites bêtes comme les canaris et les rats. Leurs neurones se multiplient à l'âge adulte, et ces nouveaux neurones sont utiles pour l'apprentissage et la mémoire. Est-ce la même chose chez l'homme ?

C'est évidemment beaucoup plus difficile à étudier puisqu'on ne peut pas expérimenter de la même manière sur des hommes et sur des petits animaux. Ce n'est que récemment, en 1998, qu'on a pu démontrer que les neurones se multiplient dans l'hippocampe humain. Pour les besoins du diagnostic, on a injecté à des patients souffrant de cancers ORL un produit colorant qui est spécifiquement absorbé par les cellules en train de se diviser. Quand les patients sont morts de leur cancer, leurs hippocampes ont été prélevés et examinés au microscope. On a alors constaté que certains neurones de l'hippocampe avaient intégré le produit colorant. Par conséquent, il s'agissait de cellules qui étaient en train de se diviser au moment où le colorant avait été injecté aux patients.

Donc, de nouveaux neurones sont bien produits dans nos cerveaux d'adultes. Mais comment faire pour savoir si, comme chez les canaris ou les rats, ces nouveaux neurones sont utiles au fonctionnement de la mémoire ?

Question très difficile ! Un article récemment paru dans la prestigieuse revue *Brain* propose une approche astucieuse à ce problème. Parmi les patients qui souffrent de crises d'épilepsie, il y en a un bon nombre chez qui les crises ont leur point de départ dans l'hippocampe. Et, lorsque les traitements médicamenteux n'ont pas d'effet, il arrive qu'on opère ces patients pour leur retirer l'hippocampe qui est à l'origine des crises. Ces hippocampes retirés, rien n'empêche de les récupérer pour les besoins de la science. C'est ce qui a été fait dans cette étude. Ils ont extrait des neurones de 23 hippocampes ainsi prélevés. Ces neurones ont été mis en culture, c'est-à-dire qu'on les a maintenus en vie dans des récipients de laboratoire. On a ainsi pu mesurer la capacité de ces neurones à se multiplier et à proliférer. Chez la moitié des patients, les neurones avaient une forte capacité à se multiplier, alors que chez l'autre moitié, les neurones se multipliaient très peu.

Et cette capacité de multiplication des neurones avait-elle un rapport avec le fonctionnement de la mémoire ?

Les patients épileptiques dont l'hippocampe avait été prélevé avaient subi, dans le cadre de leur bilan préopératoire, des tests de mémoire (apprendre des listes de mots, etc.). Le fait vraiment remarquable est que les patients dont les neurones montraient, dans une éprouvette, un fort potentiel de multiplication, avaient une mémoire normale, alors que ceux dont les neurones se multipliaient peu obtenaient de mauvaises performances de mémoire.

Conclusion ?

Il est tentant de conclure à un lien de cause à effet : ce serait alors *parce que* leurs neurones avaient une bonne capacité de multiplication que certains patients avaient une bonne mémoire. Si cela se confirme, il s'agit là d'une découverte très importante – en fait, la première démonstration que la multiplication des neurones dans le cerveau humain adulte est un des mécanismes importants de la mémoire.

8.

Les souvenirs à livre ouvert ?

Certains romans et films de science-fiction imaginent qu'on puisse brancher notre cerveau sur une machine qui siphonne, lise, affiche et peut-être remplace nos souvenirs. Qu'est-ce que ce fantasme vaguement inquiétant a à voir avec la réalité actuelle des neurosciences ?

On peut lire les souvenirs, mais un tout petit peu, et pas bien. On est bien loin du cinémascope. Mais je vais vous donner un exemple de progrès tout récents en ce domaine. Dans *Pourquoi les chimpanzés ne parlent pas*, j'ai évoqué, à propos de la lecture dans les pensées, une étude dans laquelle on demandait à des gens, dans une machine d'IRM, de penser soit à des visages, soit à des maisons. On voyait alors s'allumer plutôt la région A quand ils pensaient à des visages et plutôt la région B quand ils pensaient à des maisons. C'était un cas relativement simple, parce qu'il se trouve qu'il y a dans le système visuel cérébral des régions bien distinctes spécialisées pour la reconnaissance des visages et celle des maisons. En revanche, il n'y a évidemment pas de région spécialisée par exemple pour les tartes au citron et une autre pour les tartes aux pommes.

Cela veut-il dire qu'il n'y a aucun espoir de discerner dans les activations de son cerveau si un gaillard pense à une tarte au citron ou à une tarte aux pommes ?

Non, en réalité il y a plus que de l'espoir. Admettons que ce soit la même région cérébrale qui réagisse à toutes les sortes de tartes. Ce qui va distinguer les activations entre tarte au citron et tarte aux pommes, c'est l'allure globale du paysage des activations, les creux et les bosses, au sein de cette région. Pour poursuivre cet exemple, on pourrait imaginer que les tartes aux pommes activent plus le coin supérieur gauche de la région, et les tartes au citron surtout le coin inférieur droit. Bref, c'est le paysage général des activations dans la région des tartes qui sera de type citron ou de type pomme.

Pourriez-vous nous donner des exemples un petit peu plus sérieux que celui des tartes ?

Une équipe anglaise a publié récemment deux articles où est analysée une région dont nous avons souvent parlé, l'hippocampe. L'hippocampe possède deux fonctions principales. La première, surtout étudiée chez le rat, c'est qu'il y a dans l'hippocampe une sorte de GPS, qui forme dans le cerveau de l'animal comme une petite carte de son environnement : ce ne sont pas les mêmes neurones qui s'allument si le rat est près de la porte ou s'il est près de sa mangeoire. La seconde fonction, c'est la formation de souvenirs de ce qui nous arrive (souvenez-vous que l'hippocampe est parmi les premières régions atteintes dans la maladie d'Alzheimer).

Commençons par les fonctions de GPS de l'hippocampe.

Ces chercheurs ont familiarisé des sujets avec un appartement virtuel. Devant un écran d'ordinateur, ils pouvaient circuler dans cet appartement au moyen d'un joystick. Tout cela se passait naturellement dans une machine d'IRM. Ils ont donné à leurs sujets des consignes du genre : « Va devant la fenêtre de la salle à manger, maintenant à la porte de la salle de bains… » Lorsque le participant à l'étude se trouvait en un point donné, on faisait des images de son cerveau. Ensuite, quand toutes les images ont été dans la boîte, et c'est là le cœur de la méthode de lecture des pensées, on a appris à un ordinateur à reconnaître si le paysage global des activations des hippocampes était plutôt de l'allure « je suis dans la salle à manger » ou « je suis dans la salle de bains ».

Et l'ordinateur est capable de distinguer les deux paysages d'activation, et de savoir à quel endroit le sujet se trouvait quand les images ont été acquises ?

On arrive en effet à deviner, pas à coup sûr, mais mieux qu'au hasard, si, au moment où a été prise une image donnée de son cerveau, le sujet était plutôt au point A, au point B, ou ailleurs.

Vous disiez que l'hippocampe était aussi essentiel pour les souvenirs. Peut-on, sur le même principe, lire dans les images de l'hippocampe *de quoi* quelqu'un est en train de se souvenir ?

Voici comment l'expérience a été réalisée. On a montré à des sujets trois petits films de 5 à 10 secondes. Ils les ont regardés plusieurs fois pour bien les mémoriser. On les a ensuite placés dans la machine d'IRM, et on leur a demandé de se remémorer le plus précisément possible, dans l'ordre de leur choix, ces trois films, plusieurs dizaines de fois. Des images cérébrales ont été acquises au cours de cette phase de remémoration. Ensuite, le jeu a bien sûr été de déterminer, devant une image du cerveau, à quel souvenir elle correspondait, en l'occurrence auquel des trois films le sujet pensait à ce moment.

Et parvient-on à apprendre à l'ordinateur à reconnaître si le paysage d'activation hippocampique correspond plutôt au premier, au deuxième ou au troisième film ?

On y arrive, et un point très intéressant est qu'on peut, au passage, déterminer quelles sont précisément les régions cérébrales qui portent l'information cruciale. Ainsi, c'est plutôt l'avant de l'hippocampe qui intervient dans la mémoire et qui indique quel est le film en cours de rappel, alors que c'est plutôt l'arrière de l'hippocampe qui joue le rôle de GPS et qui indique dans quelle pièce les sujets imaginent se trouver.

On n'en est donc pas à visualiser en cinémascope les souvenirs qui vous passent par la tête ?

Loin de là ! Il faut relativiser. Dans l'exemple des trois films, on ne voit pas les souvenirs, on peut tout juste deviner auquel des trois le sujet pense. Et la performance n'est pas excellente. Si l'ordinateur répondait au hasard, il aurait raison dans un tiers des cas. Avec la méthode dont je vous ai parlé, il arrive à avoir raison dans... 45 % des cas. C'est mieux que le hasard, mais pas tellement. Cependant, méfiez-vous, on progresse...

9.

Frousse salutaire et mauvais souvenirs

Vous affirmiez dans un précédent chapitre que la raison d'être de la mémoire est de nous permettre de tirer profit de nos expériences passées. Si tel est le cas, il serait logique que les événements dangereux, et donc effrayants, laissent les traces les plus fortes.

Imaginons une petite histoire, qui se serait passée il y a bien, bien longtemps... Les paléontologues excuseront les libertés que je prends avec leur science, mais imaginons que notre aïeul pithécanthrope se promène dans la savane. Il prend le chemin qui passe près du grand baobab. Il se trouve soudain nez à nez avec un tigre à dents de sabre. Son sang ne fait qu'un tour et son cœur qu'un bond. Il s'en tire de justesse en grimpant sur un rocher providentiel. À l'avenir, quand l'aïeul retournera se promener dans la savane, nul doute qu'il évitera le chemin qui passe près du grand baobab, chemin fâcheusement fréquenté par les tigres à dents de sabre. Le souvenir qu'il garde de cet épisode lui sauvera peut-être la vie. Et ce souvenir sera d'autant plus efficace que l'événement originel (la rencontre avec le tigre) a été accompagné d'une frousse plus intense. En effet, la peur est une sorte de signal d'alarme qui s'allume dans les situations dangereuses, qui sont précisément celles dont il est le plus nécessaire de se souvenir.

Sait-on plus précisément comment se fait l'articulation de l'émotion et de la mémoire ?

Il faut tout d'abord distinguer deux phénomènes. Pour cela, restons encore un instant dans la savane. Imaginons que l'aïeul repasse près du baobab un mois après sa rencontre avec le tigre. Deux choses distinctes vont se passer dans son esprit. D'une part, à la vue de l'arbre fatal, et avant même qu'il ait compris ce qui lui arrive, son sang va à nouveau ne faire qu'un tour et son cœur qu'un bond. D'autre part, une fraction de seconde plus tard, le souvenir de la terrible rencontre va lui revenir avec tous les détails des sensations d'origine : l'odeur du fauve, le reflet du soleil sur ses canines, son grognement menaçant... Pour dire les choses autrement, l'émotion ressentie initialement a un double impact sur la mémoire : d'une part, un lien s'est établi entre la simple vue du baobab et la réactivation viscérale et irrépressible de la peur ; d'autre part, le souvenir conscient et explicite de la rencontre du tigre est renforcé, par rapport à un souvenir épisodique anodin comme la rencontre d'un inoffensif raton marsupial que l'aïeul aura aussitôt oublié.

Ces deux liens entre émotion et mémoire reposent-ils sur des mécanismes bien distincts ?

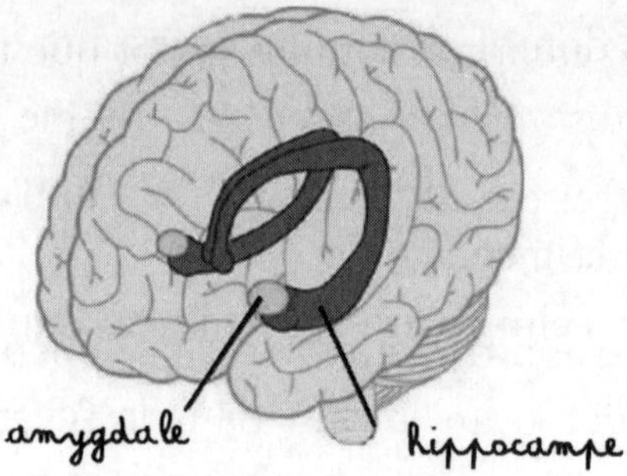

Figure 9 : L'amygdale est contiguë de l'avant de l'hippocampe et module la formation des souvenirs en fonction du contexte émotionnel.

En fait, au cœur des deux phénomènes se trouve une même structure anatomique, nommée l'amygdale, du fait de sa forme d'amande (*amugdalè* en grec) (figure 9). L'amygdale (une dans chaque hémisphère) se trouve au proche voisinage de l'hippocampe, dans les profondeurs du lobe temporal. Son rôle a été beaucoup étudié dans ce que j'ai appelé la « réactivation viscérale et automatique de la peur » – et surtout chez le rat, grâce à la technique du « conditionnement à la peur », une variante franchement désagréable de la célèbre expérience du chien de Pavlov. Rappelons que le chien de Pavlov, ayant appris que le son d'une clochette annonçait l'arrivé de sa pâtée, avait « appris » à saliver en entendant cette clochette, réaction normalement réservée à l'apparition de la nourriture elle-même. Revenons-en aux rats et à l'amygdale. En substance, on soumet un rat, de façon simultanée, à une décharge électrique et à une sonnerie. La sonnerie n'a, en soi, rien de particulièrement effrayant, mais le rat apprend rapidement qu'elle est associée à la décharge, et il suffit ensuite de faire retentir la sonnerie pour que le malheureux rat manifeste une réponse de peur typique en s'immobilisant totalement. Toutes proportions gardées, la sonnerie est l'équivalent du baobab de notre petite histoire, et le choc électrique celui du tigre. L'indice (sonnerie ou baobab) fait resurgir la peur initialement causée par la véritable menace (décharge électrique ou tigre).

Et comment l'amygdale intervient-elle dans cet apprentissage ?

Vers l'amygdale convergent des informations venues des quatre coins du cerveau, en particulier des systèmes qui analysent ce que nous percevons du monde qui nous entoure. C'est aussi de l'amygdale que partent les commandes qui mettent en branle les réactions de peur et de stress : décharge d'adrénaline, accélération du cœur, immobilité soudaine, etc. Donc, avant tout apprentissage particulier, une sensation terrifiante élémentaire comme la décharge électrique active l'amygdale qui, à son tour, déclenche toutes ces réactions de sauvegarde. Toutefois l'amygdale reçoit non seulement les sensations corporelles (comme la décharge électrique), mais aussi les informations auditives (comme la sonnerie). Lorsque la décharge coïncide avec la sonnerie, les neurones de l'amygdale modifient subtilement leurs connexions, de manière à conserver la trace de cette coïncidence. Une fois cette association établie entre sonnerie et décharge, la sonnerie déclenchera, à elle toute seule, ces mêmes réactions de sauvegarde qu'auparavant seule la décharge pouvait provoquer. C'est ainsi que se crée, dans l'amygdale, le lien entre l'indice (la sonnerie ou le baobab) et la réaction de peur.

Et les choses se passent de la même manière chez nous autres, humains, que chez les rats électrocutés ?

Chez l'homme, on ne peut faire les mêmes manipulations expérimentales et les mêmes enregistrements de neurones que chez le rat, mais il y a tout de même de nombreuses raisons de penser que les mécanismes sont sensiblement les mêmes, ce qui n'est pas étonnant pour une faculté si nécessaire à la survie de tout animal. Par exemple, une technique comme l'imagerie par résonance magnétique fonctionnelle (IRMf) permet de mesurer chez des sujets humains, de façon tout à fait inoffensive, l'activation des amygdales.

Vous nous disiez que non seulement notre aïeul serait saisi par cette peur viscérale à la simple vue du baobab, mais aussi qu'il garderait un souvenir conscient particulièrement vivace de sa rencontre avec le tigre.

En effet, et cela est dû à un effet un peu plus indirect de cet apprentissage amygdalien. Schématiquement, parmi les réactions de sauvegarde qui sont déclenchées par une peur soudaine, il y a la production de diverses substances chimiques par le cerveau (ou par les glandes surrénales, sur ordre du cerveau). Parmi celles-ci, la plus célèbre est l'adrénaline. Ces substances ont elles-mêmes un effet positif sur l'hippocampe, la structure responsable de la formation de nouveaux souvenirs des épisodes de notre vie, celle-là même qui ne fonctionne plus en cas d'ictus amnésique ou de maladie d'Alzheimer. Par conséquent, nous formons habituellement des souvenirs plus robustes des épisodes effrayants que des épisodes anodins de notre existence. Conformément à cette idée, on a montré que, si je vous présente, dans une machine d'IRM, une série d'images possédant un certain impact émotionnel, une image sera d'autant mieux mémorisée que vos amygdales étaient plus actives lorsque vous avez vu cette image.

Quelqu'un chez qui ces systèmes ne fonctionneraient pas serait donc d'une témérité absurde et affronterait le danger sans rien apprendre de ses expériences passées ?

C'est vrai jusqu'à un certain point[1]. En 1995, Antoine Bechara a étudié le comportement de patients qui souffraient de lésions touchant soit leurs amygdales, soit leurs hippocampes. Il leur a proposé une version indolore de l'expérience de la sonnette associée au choc électrique, remplacés respectivement par la présentation d'un carré bleu et d'un violent son de trompe. Normalement, une fois que cette association est établie, la simple vue du carré bleu déclenche des réactions viscérales, notamment vous fait instantanément transpirer (ce qu'on peut mesurer

1. Sur la perception de la peur, voir aussi le chapitre « Que voit-on dans un visage ? » dans *Pourquoi les chimpanzés ne parlent pas*, *op. cit.*, p. 84.

objectivement). Comme vous pouvez vous y attendre, cette réaction viscérale était totalement absente chez la patiente dont les amygdales étaient détruites. En revanche, exerçant son intelligence et son observation, cette patiente avait bien remarqué que le carré bleu annonçait systématiquement le son de trompe, mais sans s'en émouvoir particulièrement pour autant…

Logiquement, le patient aux hippocampes détruits devrait montrer exactement l'inverse ?

Vous avez tout compris. Ses amygdales établissaient un lien entre le carré bleu et la trompe, et la simple vue du carré bleu suffisait donc à déclencher une suée. En revanche, ce patient, du fait de son trouble de la mémoire, n'avait absolument pas remarqué consciemment que le bleu annonçait la trompe fatale. Ce contraste entre les deux patients met parfaitement en évidence le fonctionnement des deux systèmes de mémoire : la mémoire « viscérale » et la mémoire consciente des épisodes vécus.

Nous avons bien compris qu'il est utile de renforcer le souvenir des événements effrayants. Mais sans excès ! Pour que « la vie continue », il ne faut pas être hanté par les cauchemars du passé…

En effet. Nous allons voir ce qui se passe lorsque des souvenirs pénibles, renforcés à l'excès, deviennent envahissants et sources d'inutiles souffrances.

10.

Des souvenirs d'enfer

Nous avons tous de mauvais souvenirs, mais, sauf exception, ils ne nous empêchent pas de vivre. En revanche, certains traumatismes laissent des traces horribles et envahissantes. On appelle cela le syndrome de stress post-traumatique (ou PTSD, pour *post-traumatic stress disorder*). Le PTSD peut toucher par exemple des soldats qui ont participé à des combats, au cours desquels ils ont été plongés dans une terreur extrême. Ils ne peuvent s'empêcher ensuite de revivre ces instants, d'avoir des cauchemars récurrents, d'être envahis pas l'anxiété et la dépression. C'est une des grandes causes d'invalidité, longtemps occultée, chez les anciens combattants. Sont aussi concernées les victimes d'accidents, d'agressions ou d'attentats. Fondamentalement, nous avons vu dans le chapitre précédent qu'il est utile d'associer le souvenir de dangers à des sentiments de peur. Un enfant qui s'est brûlé les doigts avec des allumettes ne s'y risque plus, parce que la simple vue des allumettes déclenche la peur en lui. Toutefois, dans le syndrome de stress post-traumatique, ce mécanisme dépasse son but, et les souvenirs effrayants, au lieu d'être utiles, deviennent eux-mêmes un handicap.

Et comment soigne-t-on ce syndrome post-traumatique ?

Laissons de côté les traitements médicamenteux, notamment certains antidépresseurs qui peuvent apporter une aide notable. Une des méthodes dont l'efficacité est la mieux établie est la réexposition. Cela consiste à exposer les patients, très progressivement, à ce qui leur fait peur, de façon à ce qu'ils apprennent qu'il n'y a en réalité aucun danger. On peut d'ailleurs appliquer cette méthode à toutes sortes de phobies (la peur des araignées, de la foule, de l'avion, etc.). Pour en rester au PTSD, il existe par exemple un logiciel, intitulé *Irak Virtuel*, qui est utilisé pour exposer en douceur, en réalité virtuelle, à des expériences traumatisantes auxquelles les soldats ont pu être confrontés au cours de la guerre dans ce pays.

Donc ce genre de traitement fonctionne ?

Relativement bien, mais pas de façon radicale. En particulier, il n'est pas rare qu'il y ait des rechutes de panique après un traitement de ce genre. La raison en serait que le traitement par réexposition ne supprime pas le souvenir traumatisant, mais ajoute simplement un second souvenir plus agréable. Imaginez que, depuis que vous avez été à la guerre, la vue d'un hélicoptère soit associée à un sentiment de danger. Aujourd'hui, les choses vont mieux parce qu'on vous a traité en vous exposant progressivement à des images d'hélicoptère. Toutefois, la raison pour laquelle ce traitement n'est pas définitif, c'est que l'association hélicoptère-danger n'a pas été effacée, mais plus ou moins supplantée par une autre association, par exemple celle de l'hélicoptère dans le calme et le bien-être du bureau du psychologue. Toutefois, l'association hélicoptère-panique est toujours là, prête à resurgir.

Il faudrait donc disposer d'une méthode qui permettrait de modifier le souvenir traumatisant lui-même, pas simplement de le masquer par un autre souvenir plus agréable ?

C'est là que je voulais en venir. Une étude est parue récemment dans la revue *Nature*, que l'on doit à l'équipe d'Elizabeth Phelps, qui montre qu'on peut désamorcer un souvenir effrayant de façon définitive, à condition d'intervenir à un moment très précis.

Quel est le moment où le souvenir est particulièrement fragile, le moment où on pourrait le modifier ?

Le moment où un souvenir est fragile, c'est le moment où on rappelle ce souvenir. Permettez-moi une comparaison. Vous avez sur votre ordinateur un fichier avec la liste des gens que vous voulez inviter pour votre anniversaire. Vous ouvrez le fichier pour vérifier votre liste. Quand le fichier est ouvert, vous pouvez naturellement voir ce qui s'y trouve ; c'est aussi l'occasion de la modifier, d'ajouter ou de supprimer quelques invités. Puis, une fois la liste mise à jour, vous refermez votre fichier. C'est un peu la même chose pour les souvenirs. Lorsque vous « ouvrez » un souvenir, lorsque vous le rappelez à votre esprit, vous avez aussi la possibilité, à cet instant précis, de le modifier, de le mettre à jour. C'est ce que les spécialistes appellent la reconsolidation des souvenirs.

Et comment peut-on profiter de cette fenêtre de tir pour atténuer de façon durable des souvenirs traumatisants ?

Dans l'étude dont je vous parlais, les chercheurs ont d'abord créé un souvenir effrayant, s'inspirant pour ce faire d'une technique que nous avons décrite quelques pages plus haut. Les sujets sont assis devant un écran d'ordinateur. Dès qu'ils voient un carré bleu sur l'écran, ils reçoivent une décharge électrique. Au bout de quelques essais, ils ont intégré cette association : un simple carré bleu déclenche une réaction de peur (qu'on peut objectiver en mesurant la transpiration qui est immédiatement déclenchée à la vue du carré bleu). Le lendemain de cet apprentissage de la peur, on « soigne » les sujets. Pour cela, on « éteint » ce souvenir traumatisant en présentant de façon répétée un carré bleu sans aucune décharge électrique. Les sujets comprennent qu'il n'y a pas lieu d'avoir peur et, au bout d'un moment, le carré bleu ne les effraie plus – il ne les fait plus transpirer. C'est ce qu'on peut appeler le « traitement ». Mais c'est alors qu'émerge toute la finesse de cette étude, finesse qui demande toute votre attention. Dix minutes avant la séance de traitement, la moitié des sujets avaient droit à un petit rappel : on leur présentait un simple carré bleu, qui leur remémorait le souvenir désagréable : « Attention, souvenez-vous qu'hier ce carré bleu annonçait une décharge électrique. » Et, dix minutes plus tard, le « traitement » d'extinction de la peur pouvait commencer. En revanche, chez l'autre moitié des sujets, aucun avertissement n'était donné avant le démarrage du traitement.

Et le traitement est plus efficace chez les sujets à qui on a rappelé le souvenir effrayant dix minutes avant de les traiter ?

C'est un peu plus subtil. Le jour même, le traitement a des effets sur tout le monde : rapidement, le carré bleu n'effraie plus personne. Mais si on reteste les mêmes sujets le lendemain, il se passe quelque chose de remarquable : les sujets chez qui le traitement avait été annoncé dix minutes avant son début restaient guéris – le carré bleu ne leur faisait plus peur. En revanche, chez les autres sujets, ceux chez qui le souvenir pénible n'avait pas été réactivé dix minutes avant le traitement, la réaction de peur était revenue – ils avaient « rechuté ». Qui plus est, cette amélioration du traitement grâce à la réactivation préalable du souvenir est durable dans le temps. En effet, les mêmes sujets ont été de nouveau testés un an plus tard, et la situation était exactement la même : seuls ceux dont le traitement avait commencé après réactivation du souvenir restaient insensibles à la peur !

Le détail de l'expérience est un peu compliqué, mais quelle conclusion pratique peut-on en tirer ?

Le carré bleu utilisé dans l'expérience que je viens de vous décrire est bien loin des véritables horreurs de la guerre, et il faut être extrêmement prudent si l'on veut passer d'une situation rudimentaire dans un labo de psychologie à la « vraie vie ». Toutefois, ces travaux ouvrent la voie à l'espoir qu'on puisse, à terme, améliorer le traitement des peurs pathologiques en agissant en finesse aux instants précis où il est possible de modifier le souvenir et donc d'obtenir un effet bénéfique définitif.

Reste que nous ne sommes pas égaux devant le risque de développer ce fameux PTSD. Tous les soldats revenus d'Irak ou toutes les victimes d'accidents n'en sortent pas torturés par des souvenirs insomniants. Y a-t-il des prédispositions individuelles à voir ainsi « dérailler » ce phénomène normalement utile qu'est le renforcement du souvenir des événements effrayants ?

Comme toujours, il s'agit d'un mélange d'inné et d'acquis. Je vous propose dans les pages qui suivent de discuter plus en détail de cette inégalité face aux traumatismes de la mémoire.

11.

L'histoire du soldat

Nous venons de voir qu'après avoir vécu des événements dramatiques et violents, certains peuvent reprendre une vie normale et paisible, alors que d'autres restent hantés par des souvenirs cauchemardesques et envahissants, voire, dans les formes extrêmes, souffrent de ce qu'on appelle le PTSD. Pourquoi cette inégalité face au souvenir ? Le fonctionnement de nos hippocampes et de nos amygdales, dont vous nous avez expliqué l'importance dans le lien entre mémoire et émotions, diffère-t-il d'un individu à l'autre ?

Une étude israélienne a proposé une approche intéressante de cette question. Imaginez que vous preniez deux groupes de soldats revenus de la guerre, certains souffrant de PTSD et d'autres non, et que vous étudiiez leur fonctionnement cérébral. Imaginez aussi que vous trouviez une différence quelconque entre ces deux groupes ; il sera bien difficile de dire si cette différence est la cause ou bien la conséquence du fait que certains sont affectés de PTSD et d'autres non. L'intérêt de l'étude à laquelle je fais référence ici est précisément qu'ils ont étudié le cerveau de jeunes gens avant leur départ à la guerre, alors qu'ils se portaient tous bien. À leur retour, certains souffraient d'un état de stress plus ou moins important. Il a alors été possible de répondre à la question : « Qu'avait de particulier, *avant le départ à la guerre,* le cerveau de ceux qui *par la suite* développeraient le plus grand état de stress post-traumatique ? »

Comment les chercheurs ont-ils procédé précisément ?

L'étude a porté sur cinquante jeunes hommes et jeunes filles israéliens, à l'occasion de leur service militaire comme infirmiers militaires. Ils ont été testés deux fois : la première juste après leur entrée dans l'armée, alors qu'ils faisaient leurs classes, et la seconde dix-huit mois plus tard, alors qu'ils étaient déployés dans des unités combattantes. Chaque fois, ils ont subi, d'une part, des tests visant à évaluer leur degré de stress et, d'autre part, une expérience d'IRM fonctionnelle. Au cours de cette expérience, on leur présentait des images qui pouvaient soit être tout à fait neutres, soit avoir un contenu émotionnel fort (notamment des images médicales).

Comment ces cinquante jeunes gens ont-ils vécu ces dix-huit mois dans l'armée ?

Tout d'abord, toutes les recrues avaient vécu des événements stressants et pénibles, en particulier lorsqu'elles se sont trouvées confrontées à des blessés gravement atteints. Aucune n'a souffert de PTSD à proprement parler, mais elles ont tout de même conservé divers symptômes de stress post-traumatique, cauchemars, humeur dépressive, souvenirs obsédants…

Ces troubles étaient-ils accompagnés de changement des activations cérébrales ?

Oui, en particulier lors de la présentation d'images à contenu médical, les activations étaient nettement plus fortes après qu'avant l'expérience traumatisante, en particulier dans deux régions que nous connaissons bien pour leur rôle dans la mémoire et les émotions : l'hippocampe et l'amygdale !

Je suppose que tous les soldats n'ont pas été affectés au même degré par ces expériences traumatisantes ?

En effet, la sévérité des symptômes était très variable. Les chercheurs ont donc essayé de déterminer ce qui prédisposait les recrues à développer plus ou moins de symptômes de stress à la suite d'un vécu militaire comparable. Le détail des résultats est assez complexe et met en jeu plusieurs régions du cerveau, mais permettez-moi de souligner un élément auquel nous aurions pu nous attendre. Les soldats ont développé des troubles d'autant plus sévères que leurs amygdales étaient plus fortement actives *avant toute expérience militaire*. Autrement dit, le fait d'avoir des amygdales très réactives semble prédisposer à développer des réactions anxieuses importantes (voire trop importantes) face à des situations traumatisantes. Ce n'est pas tout à fait surprenant si l'on se souvient de l'édifiante histoire du baobab et du tigre à dents de sabre que je vous ai racontée un peu plus tôt : l'amygdale, stimulée dans les situations menaçantes, renforce la réactivation ultérieure de la peur, ainsi que la formation par l'hippocampe de souvenirs robustes.

Toutes les amygdales ne sont donc pas égales entre elles. Mais cela ne règle pas la question du « pourquoi ». Quelle est la part de l'inné et de l'acquis, de la génétique et des expériences de la vie dans ces prédispositions à l'anxiété ?

Comme d'habitude, il y a une combinaison complexe d'inné et d'acquis. Pour commencer par la composante innée, revenons à la fameuse adrénaline, dont nous parlions un peu plus tôt. L'adrénaline libérée au cours du stress se fixe sur de grosses protéines qu'on appelle donc récepteurs de l'adrénaline. Grâce à sa fixation sur ces récepteurs, l'adrénaline renforce (parfois trop) les souvenirs des moments pénibles. Or nous n'avons pas tous exactement le même patrimoine génétique et, de ce fait, le récepteur de l'adrénaline n'est pas identique d'un individu à l'autre. Il en existe notamment une variante « superactive », dont les porteurs forment des souvenirs particulièrement robustes de leurs expériences traumatisantes. On a notamment testé des survivants de la guerre civile au Rwanda. Parmi ces survivants, les porteurs de la variante « superactive » du récepteur étaient plus sujets à revivre les souvenirs de ces terribles événements. Et, une fois de plus, nous voyons réapparaître l'amygdale, l'acteur central de la mémoire émotionnelle. En effet, l'amygdale des porteurs de la variante « super-active » du récepteur s'active plus fortement devant des images à fort contenu émotionnel que l'amygdale des sujets dont les récepteurs sont « normaux ».

Donc nous ne naissons pas égaux devant le risque de développer des souvenirs terrifiants... Mais vous nous disiez que l'acquis, l'éducation au sens large, joue aussi un rôle ?

En effet, et je vais maintenant vous en donner un exemple particulièrement pénible : celui des enfants maltraités qui seront plus exposés, toute leur vie, à de telles souffrances psychiques.

12.

Les enfants maltraités

Dans un chapitre précédent, nous nous sommes demandé pourquoi certains d'entre nous réagissaient de façon plus ou moins douloureuse et par une anxiété plus ou moins violente aux expériences traumatisantes de la vie. Nous avons vu que cette inégalité est en partie d'origine génétique. Maintenant, pourrions-nous regarder l'autre aspect des choses : indépendamment de toute prédisposition, comment les événements douloureux peuvent-ils laisser une trace durable dans notre cerveau (et même dans celui de nos enfants) ?

C'est banal de le dire, mais ce qui nous arrive dans notre enfance a un impact sur la formation de notre personnalité et influence donc tout le déroulement de notre vie, que ce soit en bien ou en mal.

En mal, c'est-à-dire ?

Le mal dont je parle, ce sont les enfants qui ont été victimes de mauvais traitements : brutalités physiques, contacts sexuels, négligence grave, etc. On sait que ces enfants, devenus adultes, souffriront nettement plus que d'autres d'anxiété, de dépression et auront notamment des réponses excessives au stress.

On comprend intuitivement qu'ils seront plus « stressés » que d'autres, mais peut-on définir plus précisément ce qu'est le stress ?

Quand un animal est soumis à une menace, comme un lapin qui voit un serpent, tout son organisme se mobilise pour y répondre – le cœur et la respiration s'accélèrent, etc. Cette réaction est utile dans la mesure où elle permet de s'adapter, de réagir efficacement à la menace ; mais si l'état de stress est excessif, inadapté, permanent, il devient alors nuisible, et peut conduire à des états d'anxiété et de dépression.

Quels sont les mécanismes du stress ?

C'est compliqué, mais une chose dont tout le monde a entendu parler, c'est la décharge d'adrénaline. C'est une hormone qui, avec d'autres, est produite par les glandes surrénales sur ordre du cerveau et qui inonde l'organisme en cas de stress. Elle déclenche une accélération du cœur et d'autres réponses physiologiques.

Et donc, les gens qui ont subi de mauvais traitements pendant leur enfance auront toute leur vie une réaction au stress très élevée, c'est-à-dire une surproduction des hormones concernées. Sait-on pourquoi ?

Cela a été étudié d'abord chez le rat. En effet, les mamans rates ne se valent pas toutes : certaines s'occupent beaucoup de leurs nouveau-nés, les lèchent et les gratouillent sans cesse, alors que d'autres mères sont plus négligentes. Et de fait, une fois que les petits rats sont devenus grands, ceux qui ont été élevés par une mère attentive sont moins craintifs et moins stressés que ceux qui ont été plus négligés par leur mère.

Cela signifie que leurs relations avec leur mère ont laissé une empreinte dans leur cerveau, cerveau qui contrôle la réaction de stress, par exemple en ordonnant la plus ou moins grande libération d'adrénaline dans des circonstances données. Connaît-on la nature de cette empreinte ?

Je vais essayer d'expliquer simplement quelque chose d'un peu compliqué. Le cerveau surveille en permanence la quantité d'hormones du stress qui circulent dans le sang. S'il y en a trop, il dit aux surrénales : « Fabriquez-en moins » ; s'il n'y en a pas assez, il leur dit : « Faites-en plus. » Cette surveillance est possible parce qu'il y a dans le cerveau des récepteurs pour ces hormones du stress. Ces récepteurs sont de grosses protéines à la surface des neurones, sur lesquelles les hormones se fixent, ce qui permet au cerveau de savoir s'il y a beaucoup ou peu d'hormones en circulation, et donc de régler leur production. Imaginez maintenant que votre cerveau fabrique très peu de ces récepteurs aux hormones du stress, que se passera-t-il ?

Je suppose que si le cerveau a peu de récepteurs, il aura du mal à détecter les hormones circulantes. Il croira donc qu'il y en a moins qu'en réalité. Par conséquent, il ordonnera aux surrénales d'en fabriquer plus qu'il n'en faut.

C'est exactement ce qui se produit. Moralité, si vous avez peu de récepteurs, vous allez inonder votre organisme d'hormones, et vous trouver dans un état de stress permanent et exagéré. Or on a montré récemment qu'un gène bien précis, qui permet la fabrication de ces récepteurs aux hormones, est « bloqué » dans le cerveau de rats maltraités par leur mère, et ce jusqu'à l'âge adulte. Techniquement, une molécule de méthyle est fixée sur ce gène et l'empêche de s'exprimer.

Et donc le cerveau commande une surproduction d'hormones, d'où un état de stress excessif. Ce mécanisme existe-t-il aussi chez l'homme ?

La raison pour laquelle je vous parle de cela est qu'un article est paru récemment sur ce sujet. Des chercheurs canadiens ont recueilli les cerveaux de douze hommes qui avaient été maltraités dans leur enfance et qui se sont suicidés. Ils ont trouvé dans leur cerveau exactement la même chose que ce qui avait été observé chez les rats : le gène permettant la production du récepteur aux hormones était mis KO par une molécule de méthyle.

Récapitulons tout le scénario...

Faute de récepteurs aux hormones du stress, le cerveau aura du mal à détecter ces dernières. Il croira donc qu'il y en a trop peu et ordonnera aux surrénales d'en fabriquer plus. Il en résultera un état de stress exagéré – mais peu importent les détails. Le plus intéressant est que ce qui vous est arrivé dans votre enfance n'a pas modifié votre code génétique lui-même : le gène qui fabrique les récepteurs, et dont vous avez hérité de vos parents, n'a pas été modifié. En revanche, la maltraitance a influé sur l'expression de ce gène et, par là, sur votre caractère et votre comportement, et ce pendant toute votre vie. De tels phénomènes peuvent expliquer une sorte d'hérédité non génétique (que l'on appelle épigénétique) : une mère stressée donne des enfants stressés, qui stresseront eux-mêmes leurs enfants…

Je suppose qu'une fois de plus l'amygdale, le chef d'orchestre de la peur et du stress, est concernée ?

Absolument. Une étude très récente vient d'ailleurs de montrer l'impact des soins maternels sur l'amygdale des enfants, sans faire appel à des techniques de biologie moléculaire raffinées. En effet, aussi étonnant que cela puisse

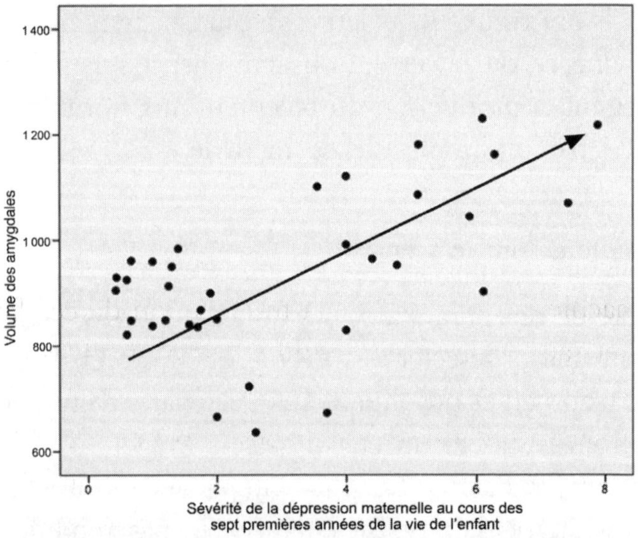

Figure 10 : Plus la dépression maternelle est sévère, plus le volume des amygdales de l'enfant est élevé à l'âge de 10 ans.

paraître, les amygdales cérébrales des enfants élevés par une mère dépressive sont… simplement plus grosses ! On a fait une IRM à des enfants âgés de 10 ans, élevés depuis leur naissance par une mère souffrant de troubles dépressifs plus ou moins sévères. Or on sait que les mères dépressives peuvent manquer de sensibilité aux besoins des enfants et garder un certain retrait dans les soins qu'elles leur donnent. Cette étude montre que plus sévère est la dépression de la mère, plus important sera le volume des amygdales de l'enfant à l'âge de 10 ans (figure 10).

Je trouve ces conclusions sur l'impact objectif des soins maternels sur le fonctionnement ultérieur du cerveau assez fatalistes et pessimistes…

Il ne faut absolument pas voir les choses comme cela. L'exemple que j'ai donné d'un mécanisme de transmission par la méthylation d'un gène n'est qu'un tout petit bout des innombrables facteurs et expériences qui construisent la personnalité et qui permettent d'échapper à des fatalités aussi simples. Et puis, pour revenir à l'étude chez les rats négligés par leur mère, les mêmes chercheurs ont montré qu'on pouvait, par des moyens pharmacologiques, annuler la méthylation de ces fameux gènes et ramener le système du stress à un niveau « normal ». Donc, voici une conclusion plus optimiste : quand on comprend ce qui se passe, on crée la possibilité (et le devoir) d'intervenir et de traiter, ne serait-ce qu'en aidant de toutes les façons possibles les mères souffrantes ou en difficulté.

II.

HISTOIRES D'ENFANTS

1.

Les bébés à deux langues

On n'a jamais fini de s'ébahir devant la façon dont les bébés apprennent leur langue maternelle, très rapidement, sans qu'on leur donne de leçons, le chinois en Chine, le français en France. Mais comment donc les bébés font-ils pour s'y retrouver, quand ils sont élevés dans un milieu bilingue, où leurs parents passent sans cesse d'une langue à l'autre ?

La première chose qu'il faut dire, c'est que c'est une situation extrêmement fréquente, la règle plutôt que l'exception. Par exemple, beaucoup des recherches dans ce domaine ont été faites en Catalogne, une région d'Espagne où cohabitent deux langues, l'espagnol et le catalan, et où dans beaucoup de couples un parent parle surtout espagnol et l'autre surtout catalan. La seconde chose qu'il faut souligner, c'est que cela se passe très bien. À quelques menus détails près, les bébés exposés dès leur naissance à deux langues apprennent aussi bien chacune de ces deux langues que si c'était la seule. Les grandes étapes de l'apprentissage sont les mêmes chez les monolingues et les bilingues : les premiers mots à 12 mois, un vocabulaire d'environ 50 mots à 18 mois, etc. Bref, cela ne pose aucun problème d'apprendre deux langues plutôt qu'une seule, cela n'engendre pas de retard de langage particulier.

Pourtant, pour apprendre les deux langues, il faut bien que les bébés soient capables de faire le tri dans ce qu'ils entendent ?

En effet, il faut qu'ils puissent se dire « maintenant j'entends la langue n° 1 et maintenant la langue n° 2 », pour acquérir de façon bien séparée le vocabulaire, la prononciation et la grammaire de l'une et de l'autre. Ce tri, ils sont capables de le faire très tôt, au cours des premiers mois de la vie, bien avant de savoir eux-mêmes prononcer le moindre mot.

Quel genre d'indices peuvent-ils utiliser pour distinguer les deux langues ?

Le rythme est un indice important. Il y a des familles de langues qui ont des rythmes différents. Par exemple, en français ou en espagnol, les syllabes sont prononcées à un rythme à peu près régulier, alors qu'en anglais ou en allemand, le rythme est fondé non sur les syllabes, mais sur l'accentuation (ce sont les sons accentués qui arrivent à un rythme à peu près régulier). C'est pour cela que la versification française est fondée sur le nombre de syllabes (un alexandrin comporte 12 syllabes), alors que la versification anglaise est fondée sur le nombre d'accents (un vers de Shakespeare comporte 5 syllabes accentuées et un nombre variable de syllabes sans accent). Revenons aux bébés. On a montré par exemple que, dès leur naissance, les bébés parviennent à distinguer des langues qui ont des rythmes différents (par exemple le français de l'anglais), mais qu'ils ne peuvent pas encore distinguer celles qui ont le même style de rythme (par exemple le français et l'espagnol). Puis ces capacités se raffinent et, à l'âge de 4 mois, des bébés élevés dans un environnement bilingue espagnol/catalan peuvent distinguer ces deux langues, alors même qu'elles ont le même genre de rythme.

Comment sait-on que le bébé distingue deux langues ? Je vous rappelle que ce sont des bébés de quelques mois, qui ne parlent pas encore, et qui ne peuvent pas vous dire : « Ça, c'est de l'espagnol et ça du catalan. »

Prenons un exemple. Un bébé est assis devant deux haut-parleurs, un à droite et un à gauche. On lui fait entendre des phrases en français par le haut-parleur de gauche. Il est intéressé et donc regarde vers la gauche, en direction du haut-parleur. Puis, tout à coup, c'est le haut-parleur de droite qui prend le relais et commence à parler. Le bébé se tourne alors vers la droite. Si ce sont des phrases dans sa langue maternelle, le français, il se tourne très vite. Si c'est une langue qu'il ne connaît pas, comme l'anglais, il est moins intéressé et se tournera donc moins rapidement. En mesurant cette différence dans le comportement du bébé vis-à-vis du français et de l'anglais, on a prouvé qu'il est capable de distinguer les deux langues.

Bref, notamment grâce aux différences de rythme, les bébés réussissent à faire rapidement le tri entre les deux langues qu'ils entendent et à les apprendre sans les mélanger. Pourtant les parents d'enfants bilingues sont parfois inquiets quand ils les entendent faire des phrases où ils mélangent des mots des deux langues.

Cela arrive en effet assez souvent. Mais ça ne veut pas dire qu'ils confondent les deux langues. En général, quand un enfant bilingue injecte quelques mots de français dans une phrase en anglais, c'est simplement parce qu'il ne connaît pas ou ne trouve pas le mot anglais dont il aurait besoin. Il utilise ce qu'il sait des deux langues et se débrouille pour exprimer ce qu'il veut dire, comme un touriste bouchant les trous de son italien approximatif par quelques mots de français.

Donc nous sommes équipés pour apprendre aussi bien deux langues qu'une seule. Toutefois n'y a-t-il pas un prix à payer ? L'obligation de devoir apprendre deux langues n'entraîne-t-elle pas de difficultés dans d'autres domaines du développement intellectuel ?

Non, c'est même plutôt l'inverse. Un article récent montre au contraire que certaines autres facultés intellectuelles d'« intérêt général », comme la flexibilité intellectuelle, se développent mieux chez les enfants bilingues.

Comment a-t-on pu montrer cela ?

Les auteurs de cette étude ont testé des bébés de 7 mois élevés dans un milieu parfaitement bilingue depuis leur naissance, en les comparant à des bébés monolingues. Le principe de l'expérience était assez simple. Le bébé est assis devant deux écrans, un à droite et un à gauche. On lui fait entendre un mot (par exemple « badaboum ») et, quelques instants après, un petit dessin animé, une poupée qui bouge, apparaît sur l'écran de gauche. Le bébé est très content. Et on recommence : « badaboum » et un dessin animé à gauche, etc. Le bébé comprend vite comment ça marche et dès qu'il entend « badaboum », il regarde à gauche pour attendre le dessin animé. Puis à un moment donné, la règle du jeu change : la poupée commence à apparaître à droite, et plus à gauche. Le bébé va avoir besoin d'un certain temps pour comprendre que dès lors, quand il entend « badaboum », ce n'est plus à gauche mais à droite qu'il va devoir regarder. Il faut qu'il change ses habitudes, qu'il s'adapte à de nouvelles règles du jeu.

Et quel rapport avec le bilinguisme ?

Le rapport, c'est que les bébés bilingues (ou plutôt élevés dans un milieu bilingue, parce qu'à 7 mois, ils ne parlent pas encore) s'en sortent mieux que les monolingues. Ils s'adaptent plus vite au changement de règles. Ils comprennent plus vite qu'en entendant « badaboum », il ne faut plus désormais regarder à gauche, mais à droite. Ils ont l'air d'être intellectuellement plus flexibles, peut-être parce qu'ils ont pris l'habitude de passer facilement d'une langue à l'autre. Bref, non seulement apprendre deux langues dès son plus jeune âge ne pose pas de problème pour apprendre à parler, mais le passage d'une langue à l'autre a même l'air de favoriser d'autres aspects du développement intellectuel – ce qu'on pourrait appeler une certaine souplesse intellectuelle.

2.

Les enfants de la télé

C'est un fait, les enfants passent beaucoup de temps devant la télévision... Les chiffres sont éloquents : en France, les 4-14 ans consacrent plus de deux heures chaque jour à regarder le petit écran. Cette (sur)consommation de télévision a-t-elle un impact significatif sur le fonctionnement cérébral des tout-petits ?

Avant de parler de télévision, laissez-moi vous rappeler qu'à leur naissance les petits humains sont tout à fait inachevés. Un petit chat devient très vite un chat adulte, parce qu'à la naissance, son cerveau a déjà à peu près terminé son développement. Chez les humains, c'est loin d'être le cas : au cours les deux premières années de vie, le cerveau triple de taille, et son architecture n'est pas achevée avant l'adolescence ! Bref, une part énorme du développement cérébral se produit pendant que les enfants ne sont pas dans le ventre de leur mère, mais dans le monde extérieur : c'est ce qu'on appelle l'éducation, l'apprentissage – du langage, de la culture, des relations sociales, etc. Donc si des petits enfants passent ou ne passent pas un tiers de leur journée devant la télévision, on imagine que cela peut faire une différence.

Je suppose donc qu'il y a des recherches scientifiques qui portent sur l'impact de la télévision sur le développement des enfants ?

De nombreuses études portent par exemple sur le lien entre télévision et obésité, télévision et relations sociales, télévision et développement intellectuel. Prenons l'exemple de l'apprentissage du langage, quoi de plus important ? Une récente étude réalisée en Thaïlande a comparé des enfants qui, avant l'âge de 1 an, avaient regardé plus de 2 heures ou moins de 2 heures de télévision par jour. Chez ceux qui l'avaient beaucoup regardée, on a trouvé jusqu'à six fois plus de retards de développement du langage.

Pourtant, on pourrait se dire que voir et entendre des gens parler, même sur un écran de télévision, pourrait plutôt aider à apprendre ?

En réalité, tel n'est pas le cas. En effet, l'interaction réelle avec d'autres êtres humains est très importante pour l'apprentissage. Ainsi, on a essayé d'entraîner des bébés américains de 9 mois à distinguer des sons de la langue chinoise. Une première manière de faire était de les mettre face à une dame qui leur lisait une histoire en chinois, leur montrait des objets en leur donnant le nom en chinois, etc. Après quelques séances, les bébés ont fait de grands progrès pour distinguer entre eux des sons chinois. En revanche, si on met les bébés devant un écran de télé où ils voient un film de la dame chinoise qui leur dit exactement la même chose, mais sans être physiquement présente, sans réellement interagir avec eux, alors les bébés n'apprennent rien du tout.

Tous les effets de la télévision sont-ils négatifs ? Est-ce qu'il ne peut pas y en avoir de positifs ?

Si, naturellement. Par exemple, on a montré que la célèbre émission pour enfants *Sesame Street* a un effet positif sur divers tests d'intelligence, mais seulement si les enfants ont plus de 3 ans quand ils la regardent. À ma connaissance, on n'a montré aucun effet bénéfique sur les bébés. Au contraire, un peu comme ce que je vous disais à propos du langage, regarder la télévision avant l'âge de 3 ans est associé à de moins bonnes performances ultérieures dans les tests d'intelligence.

Quelles sont les conséquences pratiques qu'on peut tirer de tout cela ?

Je conseille à ceux que ça intéresse d'aller voir le site Internet du CSA (Conseil supérieur de l'audiovisuel), sur lequel se trouvent des conseils très intéressants sur la « bonne » manière de contrôler les rapports des enfants à la télévision. En particulier, comme je vous le disais, avant 3 ans, la télévision n'a que des effets négatifs. Et il faut être très critique vis-à-vis des chaînes ou des DVD qui ont une prétention « pédagogique » pour les tout petits enfants. D'ailleurs, en juillet 2008, le CSA a émis une recommandation à ce propos : « Les éditeurs ne peuvent ni diffuser ni promouvoir, sur leur antenne et sur tout autre support, des programmes visant spécifiquement les enfants de moins de 3 ans. »

Et, après 3 ans, les avis sont plus nuancés ?

Absolument. Nous avons vu que certaines émissions peuvent même être bénéfiques. Quant aux éventuels effets négatifs, c'est assez compliqué. Ils dépendent de combien (la quantité de télévision engloutie), mais aussi bien sûr de quoi (quelles émissions sont regardées), ainsi que de comment (est-ce que l'enfant est tout seul collé devant la TV, ou bien discute-t-il en même temps de ce qu'il voit avec ses parents ?). Surtout, tout le temps passé devant la télévision est du temps qui est volé à tout le reste – sport, lecture, sommeil, rêvasserie… En tout cas, de 3 à 8 ans, il vaut mieux regarder des émissions destinées aux enfants. Et, de toute façon, les parents devraient essayer d'interagir, d'expliquer, de contrôler même lorsque les enfants sont devenus des adolescents…

3.

Les filles (ne) sont (pas) nulles en maths

Nous allons nous pencher sur un bon vieux lieu commun et essayer de voir s'il repose sur une réalité : on dit souvent que les femmes sont nulles en maths. Est-ce vrai ?

Quoi qu'il en soit, on l'a beaucoup répété ! Pour comprendre d'où vient cette idée, il faut remonter à la fin du XIXe siècle : on commençait alors à comprendre les liens entre le cerveau et la pensée, et certains tiraient de cette science nouvelle des conclusions hasardeuses. Par exemple, il s'est trouvé des savants pour affirmer tout bonnement que si les femmes étaient moins bonnes mathématiciennes que les hommes, c'était une conséquence inéluctable du fait que leur cerveau est en moyenne plus petit (ce qui est vrai par ailleurs). Maintenant, revenons sur la question des mathématiques de la façon la plus rationnelle possible. Il y a en fait deux questions distinctes. Première question, est-il vrai que les femmes sont moins bonnes en maths que les hommes ? Et, au cas où cela serait vrai, se pose la question numéro deux : à quoi cette différence est-elle due, à des facteurs innés, à l'éducation ou à un mélange des deux ?

D'abord, quels sont les faits objectifs ? Les garçons sont-ils meilleurs en maths que les filles ?

Ce n'est pas si facile de répondre à ces questions. Comment mesurer les compétences mathématiques ? Qui tester, enfants, étudiants, adultes ? Comment tenir compte des différences d'origine sociale et d'éducation ? Il y a mille manières de faire. Récemment est parue ce qu'on appelle une méta-analyse sur la question. Une méta-analyse est un travail qui consiste à rassembler un grand nombre d'études scientifiques déjà réalisées sur un sujet donné et qui ne donnent pas toutes exactement les mêmes résultats, et à regarder quelles sont les conclusions que l'on peut en tirer de façon globale.

Et que dit cette étude sur le niveau en maths des garçons et de filles ?

Ce sont des données qui portent surtout sur les États-Unis, mais l'histoire est très intéressante. Dans les années 1970, les garçons et les filles avaient exactement le même niveau pendant toute l'école primaire, à l'âge de l'acquisition des concepts fondamentaux de nombre, de calcul, etc. Ce n'était qu'à partir de 12 ans environ que les performances des garçons commençaient à dépasser celles des filles. Un peu plus tard, dans les années 1990, une méta-analyse portant sur plusieurs millions d'élèves américains, canadiens, australiens, a montré qu'il n'y avait plus aucune différence globale entre garçons et filles, quel que soit l'âge. En regardant les choses plus en détail, les garçons conservaient un certain avantage à l'âge du lycée, uniquement dans la résolution de problèmes complexes.

Et cette dernière différence va-t-elle persister ou disparaître aussi ?

En fait, dans les années 2000, une nouvelle étude portant sur 7 millions d'étudiants n'a plus trouvé aucune différence de niveau entre garçons et filles. Cet effacement des différences suggère qu'elles n'étaient pas liées à des différences biologiques, mais par exemple au fait que les filles choisissaient moins souvent les filières scientifiques que les garçons, un biais qui s'est estompé au cours des dernières décennies.

Donc la question est réglée, pas de différence de niveau mathématique entre garçons et filles ?

Pas si vite ! Il y a une autre version de cette question. Dès la fin du XIXe siècle aussi, on a suggéré qu'il n'y avait peut-être pas de différence moyenne entre hommes et femmes, mais seulement que, parmi la petite frange de la population la plus douée en maths, il y aurait plus d'hommes que de femmes. Plus précisément, l'idée est qu'il y aurait plus de garçons que de filles aux deux extrêmes, c'est-à-dire parmi les plus nuls et parmi les plus doués (ce qui nous intéresse ici). Si tel était le cas, cela ne ferait pas de différence de niveau moyen entre hommes et femmes.

Et cette idée est-elle fondée ?

Ça a été mesuré : on a comparé le pourcentage d'hommes et le pourcentage de femmes parmi la crème de la crème, parmi les meilleurs étudiants en maths. En deux mots, le résultat est très variable, d'un pays à l'autre, d'un milieu à l'autre, d'une époque à l'autre. Par exemple, dans le Minnesota, on a trouvé plus de garçons que de filles parmi les meilleurs en maths dans la population « blanche », mais une parfaite égalité dans la population d'origine asiatique. On voit parfaitement cette variété de situations sur un graphique qui illustre la croissance continue depuis les années 1950 du pourcentage de doctorats en maths attribués aux États-Unis à des femmes (figure 11) !

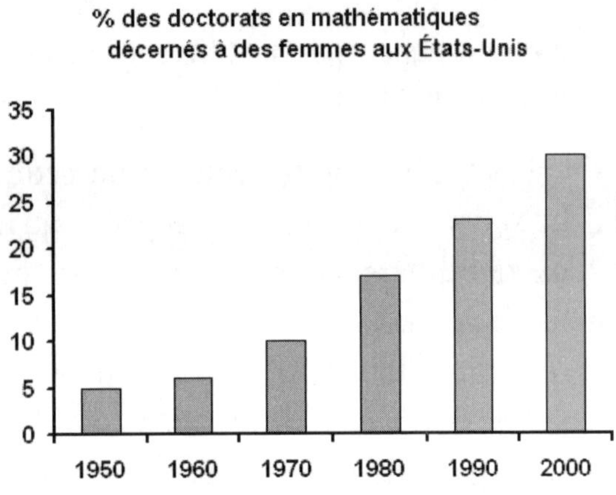

Figure 11 : Même parmi les mathématiciens professionnels, la proportion de femmes tend à rattraper la proportion d'hommes.

Donc cette inégalité supposée est en réalité surtout liée à un accès différent aux études scientifiques ?

Oui, et cela se voit parfaitement sur un autre graphique (figure 12). Chaque point représente un pays. Plus le point est haut, plus les femmes sont émancipées dans la société, d'une façon générale. Plus le point est à droite plus les femmes se rapprochent des hommes en termes de performances mathématiques. Ce qu'on voit, c'est que les deux mesures sont fortement corrélées. À un extrême, la Turquie, où le statut des hommes et celui des femmes sont très inégaux dans la société, et leurs niveaux en maths sont eux-mêmes très inégaux. À l'autre extrême, en Suède, les femmes et les hommes ont un statut social comparable, et il n'y a aucune différence de niveau en mathématiques.

Voulez-vous dire que les aptitudes aux maths dépendent uniquement de la culture et de l'éducation ?

Ne me faites pas dire ce que je n'ai pas dit ! J'ai seulement suggéré que les différences entre hommes et femmes ne sont pas d'origine génétique. Si on oublie la comparaison entre hommes et femmes, il y a un rôle de la génétique dans la prédisposition aux mathématiques. Cela a été montré par exemple par la comparaison entre vrais et faux jumeaux. Les vrais jumeaux, qui sont génétiquement identiques, sont plus proches dans leurs aptitudes mathématiques que les faux jumeaux, qui sont génétiquement différents.

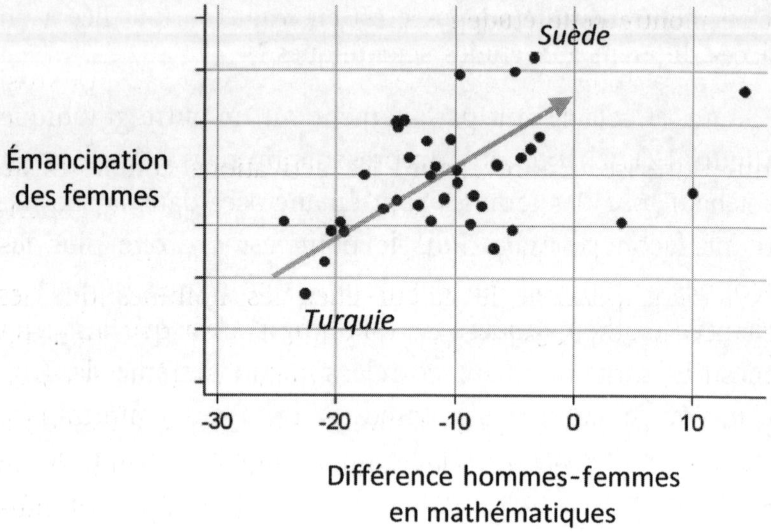

Figure 12 : Les performances des femmes en mathématiques sont fortement corrélées à leur degré d'émancipation sociale.

Revenons à la comparaison entre hommes et femmes. Nous avons vu que, pour peu qu'ils aient reçu la même éducation, hommes et femmes avaient des performances similaires. Cela signifie-t-il que le cerveau des hommes et celui des femmes fonctionnent de la même manière quand ils font des mathématiques ?

Pas forcément. On pourrait imaginer qu'ils parviennent aux mêmes performances, mais en utilisant des mécanismes un peu différents. C'est ce que tend à montrer une étude parue récemment qui compare les performances, les activations cérébrales en IRM fonctionnelle, ainsi que l'anatomie du cerveau chez des hommes et des femmes à qui on demande de faire du calcul mental. En l'occurrence, il s'agissait de décider si de petits calculs du genre 5 + 4 - 2 = 6 étaient justes ou faux.

Que montre cette étude ?

Tout d'abord, les hommes et les femmes sont tout aussi bons et aussi rapides en calcul, ce qui n'est pas vraiment une surprise. En revanche, les activations cérébrales au cours du calcul sont similaires, mais pas tout à fait identiques. Ainsi la région pariétale gauche s'active un peu plus fortement pendant le calcul chez les hommes que les femmes. Il est possible que cette différence d'activation soit le résultat d'une subtile, mais véritable différence anatomique entre hommes et femmes. En effet, cette étude a également montré que les femmes ont à cet endroit un cortex, une matière grise, légèrement plus épais et plus dense que les hommes.

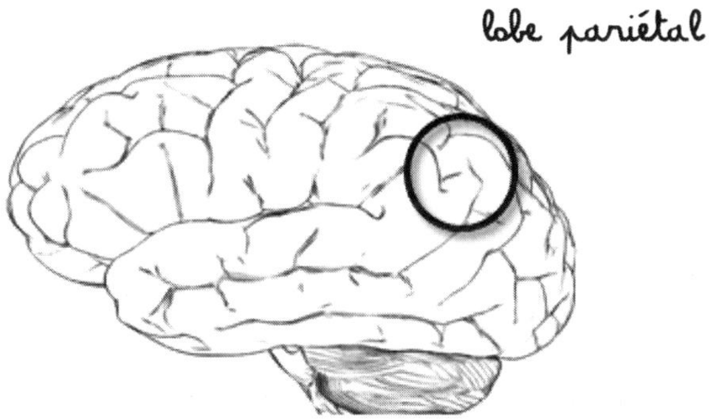

Figure 13 : La région pariétale, qui joue un rôle central dans les compétences mathématiques, pourrait différer légèrement entre hommes et femmes, sans que cela implique des différences de performances.

Et sait-on à quoi sert cette région ?

C'est un peu caricatural, mais on a parfois dit que cette région pariétale était la véritable « bosse des maths ». Plus précisément, on pense que des neurones de cette région codent les quantités (beaucoup, peu, un peu plus, un peu moins) que les nombres servent à représenter. Des patients chez qui cette région est détruite, par exemple par un accident vasculaire, peuvent présenter des troubles du calcul. Je me souviens d'un patient qui avait une lésion pariétale et qui, à la question « combien font 6 - 3 », a répondu 7.

Que conclure alors ?

Premièrement, il semble qu'entre hommes et femmes, des différences systématiques de performances en mathématiques n'existent que quand l'accès à l'éducation scientifique est inégal. Deuxièmement, ça ne veut pas dire pour autant que les choses se passent exactement de la même manière dans leur cerveau…

4.

Les gènes et l'instituteur

Tous les ministres de l'Éducation nationale l'ont rappelé chacun à leur tour : il est indispensable de bien apprendre à lire dès le début de la scolarité, pour ne pas être laissé sur le bord de la route de l'école et de la société. Sait-on de quoi dépendent les plus ou moins bonnes performances de lecture d'un enfant ?

Comme d'habitude, il y a une combinaison de deux genres de facteurs : la prédisposition génétique et les événements de la vie, c'est-à-dire l'éducation au sens large. C'est la distinction habituelle entre l'inné et l'acquis.

Et comment peut-on faire la part entre l'inné et l'acquis ?

Une des principales méthodes repose sur l'étude de jumeaux. Comme vous savez, il y a deux genres de jumeaux : les vrais jumeaux, ou monozygotes, qui ont exactement le même patrimoine génétique, et les faux jumeaux, ou dizygotes, qui, comme tous les frères et sœurs ordinaires, n'ont en commun que 50 % de leur patrimoine génétique. L'idée générale est de mesurer le degré de ressemblance des vrais jumeaux et le degré de ressemblance des faux jumeaux. En comparant ces deux valeurs, on peut déterminer jusqu'à quel point les vrais se ressemblent plus que les faux, ce qui donne une indication de la part de l'inné dans le caractère qu'on étudie. En effet, si les vrais jumeaux se ressemblent plus entre eux que les faux jumeaux, c'est qu'il y a une part de génétique à l'origine de cette ressemblance.

Parfait. Et que donnent les études de jumeaux concernant le niveau de lecture des enfants ?

Les prédispositions génétiques rendent compte pour plus de 50 % de la performance des enfants, le reste étant le fait de l'éducation. En réalité, les choses sont plus compliquées, et c'est de cela que je vais vous parler. En effet, rien ne dit que les rôles de l'inné et de l'acquis s'additionnent bêtement, comme s'il suffisait d'ajouter l'effet des bons gênes et celui de la bonne éducation pour prédire le niveau d'un enfant. Il est possible que la proportion de l'inné et de l'acquis soit variable selon les circonstances, ce qui peut avoir de grandes conséquences pratiques en matière d'éducation.

Expliquez-nous ça plus concrètement.

Un article paru récemment dans la revue *Science* montre que le rôle de l'inné, de la génétique, sur les performances de lecture est plus ou moins important selon que vous avez un bon ou un mauvais instituteur !

Comment ont-ils montré cela ?

L'étude porte sur une population assez importante : environ 300 paires de vrais jumeaux et 500 paires de faux jumeaux vivant en Floride. Les enfants étaient en CP ou en CE1, donc tout au début de leur scolarité. Les chercheurs ont évalué d'une part le niveau de lecture des enfants et d'autre part la qualité des professeurs. Pour évaluer les professeurs, ils ont simplement mesuré les progrès en lecture qu'avaient faits en un an les enfants de leur classe. En première approximation, « gros progrès = bon professeur » (en fait, il n'y a pas que la personne du professeur qui compte, et il serait plus exact de dire « gros progrès = bonne classe »).

Et quels ont été les résultats sur la part de l'inné et de l'acquis ?

D'abord, de façon globale, on retrouve deux données importantes. Premièrement, la prédisposition génétique compte pour environ 50 % dans les performances des enfants, les 50 % restants revenant à l'environnement, éducation et autres. Deuxièmement, la qualité des professeurs (ou de la classe) est déterminante. Ainsi, si on compare des vrais jumeaux qui sont dans deux classes différentes, on s'aperçoit que la différence de niveau de lecture entre eux reflète directement la différence de qualité de leurs professeurs : en gros, le jumeau qui lit le mieux est celui qui a le meilleur professeur.

Rien de tellement surprenant dans le fait que *et* la génétique *et* la qualité de l'enseignement comptent. Cependant, vous nous annonciez tout à l'heure quelque chose d'important à propos du rôle de la génétique qui n'est pas le même dans toutes les circonstances…

Cette étude a en effet montré que le rôle de la génétique (50 % environ) variait selon que les enfants ont de bons ou de mauvais profs. Plus précisément, l'impact de la génétique est faible avec les mauvais profs et important avec les bons profs. De façon un peu caricaturale, avec un mauvais prof, les enfants ne lisent pas très bien, et ils sont loin d'exprimer leur potentiel maximum. Leurs prédispositions jouent un rôle faible. En revanche, avec un bon enseignant, chacun s'approche de ce qu'il peut faire de mieux, exprime tout son potentiel, et c'est dans cette situation que l'effet des prédispositions génétiques apparaît.

Est-ce que cette émergence de la génétique signifie que, dès le CP ou le CE1, les enfants sont « condamnés », en fonction de leur héritage génétique, à ne pas pouvoir dépasser un certain niveau ?

Non, pas du tout. Dire qu'un enfant parvient à une performance qui reflète ses prédispositions génétiques ne signifie pas qu'il a atteint ses limites et que la génétique impose un niveau maximum défini. Par exemple, l'étude dont nous avons parlé porte sur des enfants très jeunes, tout au début de leur scolarité. Au cours des années qui vont suivre, une des missions d'un bon enseignement sera justement, grâce à des méthodes adaptées aux compétences de chacun, de les faire tous parvenir à ce qu'ils peuvent faire de mieux et qui peut-être ne dépendra plus beaucoup des prédispositions génétiques.

5.

Idiots savants et savants idiots

Tout le monde sait plus ou moins ce que c'est qu'un « idiot savant », parfois après avoir découvert le personnage de *Rain Man*, popularisé au cinéma par Dustin Hoffman. Mais que sont-ils en réalité ? Ce terme n'a-t-il pas quelque chose de péjoratif ?

C'est un terme qui remonte au XIXe siècle et qui, en effet, peut être ressenti comme méprisant du fait de la présence du mot « idiot ». Ne serait-ce que pour cette raison, il vaut mieux éviter de l'employer. On utilise plutôt, notamment dans le monde anglo-saxon, le terme de « syndrome du savant ». Bref, il s'agit de gens qui présentent des déficits intellectuels sévères, au sein desquels émerge comme une île un domaine dans lequel ils sont non seulement compétents, mais parfois même extraordinairement doués.

Dans *Rain Man*, on voit Dustin Hoffman dénombrer d'un coup d'œil 111 allumettes. Quelles sont les capacités les plus fréquentes chez ces « savants » ?

Je crois que l'exemple des allumettes est trompeur et cinématographique. Au-delà des anecdotes douteuses, cette capacité à repérer des grands nombres sans avoir à compter les objets un à un n'existe pas, même chez des « idiots savants ». En revanche, on dénombre cinq types principaux de capacités : des capacités musicales étonnantes (surtout d'exécution, de mémoire musicale, d'oreille absolue), le calcul mental rapide, le calendrier (déterminer le jour de la semaine qui tombe à une date donnée du passé ou du futur), les arts graphiques (le dessin ou la sculpture), la manipulation de l'espace (dessiner des cartes, estimer des dimensions de façon extrêmement précise). D'autres capacités sont moins répandues, comme le don d'apprendre de nombreuses langues. Et puis, d'une façon générale, ces personnes ont une mémoire extrêmement développée, mais uniquement dans le domaine spécifique de leur talent : mémorisation de milliers de musiques, d'immenses listes de chiffres, mémoire photographique, etc.

Si on met à part leur talent spécial, de quelle sorte de troubles souffrent ces personnes ?

La moitié au moins des personnes atteintes du syndrome du savant sont autistes. Comme vous le savez, l'étiquette d'autisme regroupe des situations très variées (c'est pourquoi on parle d'ailleurs de « spectre autistique »). En principe, l'autisme est défini par l'association de trois problèmes : (1) des déficits dans les interactions sociales ; (2) des déficits dans la communication verbale et non verbale ; (3) des centres d'intérêt très restreints. Naturellement, tous les autistes n'ont pas de talent extraordinaire. On estime tout au plus à 10 % les autistes qui présentent, à un titre ou un autre, un « syndrome du savant ». Comme dans l'autisme en général, il y a au moins cinq fois plus de garçons que de filles parmi les « savants ». La prédominance des garçons se retrouve d'ailleurs dans la majorité des troubles du développement cognitif, comme la dyslexie ou l'hyperactivité.

Connaît-on l'origine de ces facultés remarquables ?

L'origine en est très mal connue, certainement variable selon les cas, mais il me semble qu'on peut y voir plus clair en distinguant deux types d'explications. La première, qui est toujours vraie, c'est que les autistes, du fait de leur difficulté à établir des relations sociales et de leur tendance à avoir des intérêts restreints, sont capables de passer des heures, tous les jours et pendant des années, à entraîner un savoir-faire très précis, et ils deviennent des experts du fait de cet entraînement acharné. C'est probablement le cas des calculateurs prodiges. Alfred Binet, un grand psychologue français de la seconde moitié du XIXe siècle, est l'auteur d'un livre sur la psychologie des grands calculateurs. Parmi les cas qu'il décrit, certains étaient probablement autistes, comme Jedediah Buxton qui, bien que fils de maître d'école, n'a jamais pu apprendre à lire ni à écrire. En revanche, il avait développé une passion obsessionnelle

Figure 14 : Jedediah Buxton (1707-1772),
calculateur prodige et probablement autiste.

pour les nombres. À l'occasion d'un séjour à Londres où il devait être examiné par la Société royale, on l'a emmené au théâtre où était jouée la pièce *Richard III* de Shakespeare. Quand on lui a demandé ce qu'il en avait pensé, la seule chose qu'il a pu en dire est que les acteurs avaient fait 5 202 pas et prononcé 12 445 mots ! Binet décrit d'autres calculateurs prodiges, qui eux n'étaient pas du tout autistes : d'une part des mathématiciens professionnels, d'autre part des petits bergers analphabètes qui, au cours de longues heures d'ennui passées à compter les moutons, ont mis au point de remarquables systèmes de calcul. Brefs, les calculateurs prodiges ne se distinguent pas par des capacités innées supranormales, mais surtout par un intérêt et par une pratique intensive des nombres, en raison soit d'une personnalité autistique, soit des circonstances comme chez les bergers, soit, enfin, dans le cadre d'une pratique professionnelle plus large des mathématiques.

Pourtant vous suggériez que la pratique ne suffit pas à tout expliquer…

Certains « savants » manifestent une perception d'une finesse incroyable. Un exemple frappant est la capacité de Stephen Wiltshire, un artiste autiste qui a une certaine renommée et qui commercialise ses œuvres, à reproduire de mémoire des paysages entiers qu'il n'a vus qu'une fois. Par exemple, un documentaire le montre, après avoir survolé Rome pendant une demi-heure en hélicoptère, passer plusieurs jours à dessiner de mémoire une vue aérienne de la capitale italienne, reproduisant des détails d'une précision hallucinante. De telles capacités ne peuvent pas simplement s'expliquer par l'entraînement et, de fait, différentes théories ont proposé qu'il y ait, au moins chez certains autistes, des capacités supérieures de perception du détail. Dans notre cerveau à tous, les détails sont analysés, mais nous n'en avons normalement pas conscience. Dans la plupart des cas, quand nous voyons une banane, l'important est de reconnaître que c'est une banane, pas de porter notre attention sur la forme de la moindre des petites taches noires sur sa peau. Pourtant ces petites taches sont perçues par notre cerveau. L'idée serait que certains autistes auraient accès non à la signification d'ensemble, mais au contraire aux moindres détails.

6.

Les bienfaits des jeux vidéo

On dit beaucoup de mal des jeux vidéo : qu'ils incitent à la violence, qu'ils font perdre leur temps aux adolescents, etc. C'est sans doute vrai, mais ces jeux n'ont-ils vraiment que des défauts ?

Non, en effet. Et curieusement, les jeux d'action – ceux où vous êtes dans la peau d'un marine ou d'un chasseur de monstres, et où vous devez canarder sans relâche les affreux qui surgissent, animés de pulsions homicides – présentent même certaines qualités.

Lesquelles ?

Ces dernières années, on a démontré que la pratique des jeux vidéo améliorait certaines capacités visuelles. C'est toutefois quelque chose de très difficile à démontrer. En effet, il ne suffit pas de comparer les capacités visuelles de *gamers* et de gens qui ne jouent jamais. Si vous observez que les joueurs sont meilleurs, on pourrait vous objecter que c'est justement parce qu'ils ont une bonne vue et des réactions rapides qu'ils aiment jouer, et pas le contraire. Schématiquement, il faut donc constituer deux groupes de gens qui ne jouent pas, entraîner un groupe à un jeu d'action vidéo dont on veut tester l'effet, mais aussi entraîner l'autre groupe à un autre jeu, qui ne soit pas un jeu d'action, comme les *Sims* par exemple. Sinon, on pourrait vous dire que c'est juste le fait de passer du temps à jouer devant un ordinateur qui compte et pas le jeu particulier que vous voulez tester. Bref, c'est toute une affaire de démontrer un lien de cause à effet entre un jeu et des progrès, par exemple dans le domaine de la vision.

Venons-en au fait. En quoi la vision des joueurs s'améliore-t-elle ?

Je vais vous donner deux exemples. Le premier, c'est la capacité à distribuer son attention dans l'espace. Imaginez que je vous montre des points sur un écran, et que je vous demande combien il y en a. S'il y en a très peu (au maximum 3 ou 4), vous ne serez pas obligé de les compter : vous apercevrez d'un coup d'œil instantané com-

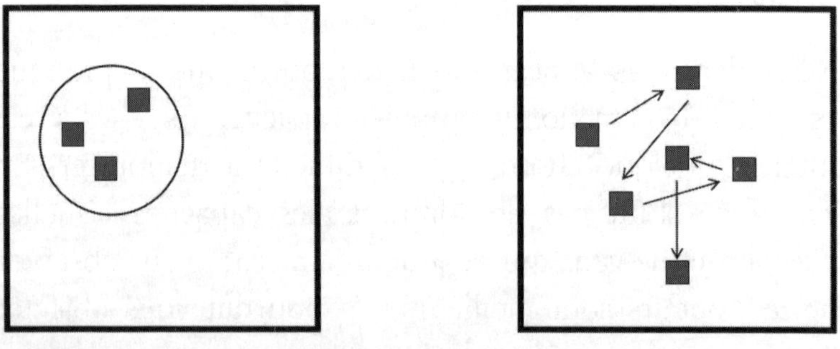

Figure 15 : Nous arrivons à dénombrer environ 3 objets d'un coup d'œil (gauche) ; au-delà, nous devons les compter un par un (droite). Chez les *gamers* entraînés, cette limite peut augmenter jusqu'à 5.

bien il y en a. Au-delà, vous serez obligé de les compter un par un, ce qui vous prendra d'autant plus de temps qu'il y a plus de points à compter. Comme je le disais, les non-joueurs parviennent à dénombrer de façon simultanée, sans les compter, un peu plus de 3 points. Ceux qui ont intensivement pratiqué un jeu vidéo arrivent à dénombrer 5 points d'un coup d'œil, sans les compter, comme s'ils arrivaient à faire attention à un plus grand nombre d'objets à la fois.

Bref, la distribution de leur attention dans l'espace s'améliore. Dans un jeu vidéo typique, non seulement il se passe plein de choses à la fois dans différentes régions de l'écran, mais de plus les attaques se succèdent les unes aux autres à toute vitesse. Les joueurs sont-ils aussi meilleurs pour gérer ces déferlements d'événements ?

Oui, ils réussissent à faire passer leur attention d'un événement au suivant plus rapidement que les novices. Je m'explique. Imaginez que je vous présente deux lettres à la suite sur un écran, par exemple un C suivi une fraction de seconde plus tard par un V, et que je vous demande ce que vous avez vu. Si l'expérience est bien faite, vous verrez le C, mais vous ne verrez pas le V qui suit, parce que votre conscience sera encore occupée par la première lettre au moment où la seconde va apparaître. Les adeptes des jeux vidéo, eux, verront aussi la seconde lettre. En effet, leur attention ne sera pas restée engluée plus longtemps que le strict nécessaire sur la première lettre et sera redevenue très vite disponible pour percevoir la seconde lettre.

Donc, la gestion de l'attention s'améliore, non seulement dans l'espace, mais aussi dans le temps. Mais des fonctions plus élémentaires bénéficient-elles aussi de la pratique des jeux ? Qu'en est-il par exemple de la vision de base, de la capacité à voir clairement les détails ? Pour caricaturer, la pratique des jeux vidéo aurait-elle le même effet que le port de lunettes de vue ?

Ce n'est pas à ce point, mais presque. Les mêmes chercheurs ont montré que ce qu'on appelle la sensibilité au contraste s'améliore de façon significative. La sensibilité au contraste désigne en gros la capacité à voir des détails et des formes dans une image peu contrastée. Sur la figure 16, vous voyez que les bandes claires et foncées sont faciles

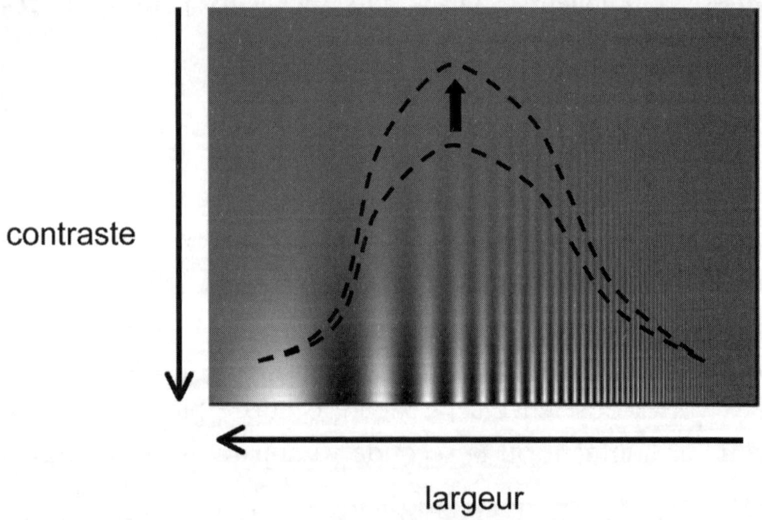

Figure 16 : Nous ne voyons normalement que les formes fortement contrastées (en dessous de la ligne du bas). Chez les *gamers* entraînés, cette limite peut se déplacer (ligne du haut), correspondant à une amélioration de la perception des faibles contrastes.

à distinguer dans le bas de l'image, où le contraste est très marqué. En allant vers le haut, où le contraste est de moins en moins marqué, les bandes deviennent progressivement invisibles. Or la pratique de jeux vidéo d'action déplace cette frontière d'invisibilité vers le haut. Les joueurs sont capables de distinguer des bandes même dans un faible contraste. Or il se trouve que la perception de formes en faible contraste peut s'avérer très importante, à l'extrême pour des radiologues ou des pilotes d'avion, mais de façon plus banale si vous conduisez dans le brouillard, dont l'effet est justement de réduire les contrastes.

Je suppose que tous les jeux vidéo n'ont pas ces effets positifs sur la vision ?

En effet, c'est typique des jeux d'action dans lesquels il s'agit de repérer à toute vitesse les méchants, de ne pas les confondre avec les gentils et de leur tirer dessus avec vitesse et précision. Trois conditions semblent nécessaires pour obtenir ces effets. La première, c'est que le jeu demande une *action* très précise (tirer sur l'ennemi) : on n'améliore la vision que si cela sert immédiatement à quelque chose, comme ajuster un tir. La deuxième condition est que le jeu soit rapide et imprévisible, pour qu'on soit en permanence mis en demeure de bien faire, et donc de s'améliorer. La troisième condition est que le jeu soit en permanence motivant, c'est-à-dire que gagner procure une certaine satisfaction, et donc que le jeu s'adapte à votre niveau pour que, débutant ou champion, vous soyez toujours gratifié, content de vous, motivé à continuer.

Y a-t-il des applications pratiques, médicales, de cet impact favorable sur la vision ?

Les expériences dont je vous ai parlé ont été réalisées chez des gens bien portants, à la vue normale – ce qui prouve que, même avec une vue normale, on peut progresser. Il y a même un potentiel d'application pour les enfants qui souffrent de troubles du développement visuel, ou pour modérer les conséquences du vieillissement oculaire normal. Et, surtout, les jeux existants n'ont pas été conçus dans ce but. Il s'agit seulement d'un effet secondaire bénéfique, on peut donc espérer créer des jeux dont l'impact sur la vision aura été optimisé.

7.

Douze bonbons valent mieux que quatre

Commençons par une question brutale : qu'est-ce que c'est qu'un nombre ?

Parmi les mille réponses possibles, en voici une, plutôt intuitive : imaginez que vous avez trois pommes sur la table, trois bananes dans un tiroir, trois oiseaux sur une branche, trois notes de musique, trois idées géniales, trois jours de vacances… Toutes ces choses n'ont rien de commun entre elles, ce sont des choses qui se voient, ou qui s'entendent, ou qui se pensent. Leur seul point commun est qu'il y en a trois. C'est une propriété très abstraite d'un groupe d'objets, qui ne change pas, qu'on déplace les objets, qu'on change leur couleur, leur forme, qu'on les voie ou qu'on les entende.

Comment les enfants découvrent-ils cette idée très abstraite de nombre ?

L'illustre psychologue du développement Jean Piaget pensait que les enfants doivent construire laborieusement et tardivement cette idée de nombre abstrait. Dans une expérience piagétienne typique, on montre à un petit enfant 4 cailloux blancs et 4 cailloux noirs, face à face, et on lui demande : « Est-ce qu'il y a plus de noirs, plus de blancs, ou bien y en a-t-il autant ? » (figure 17). L'enfant répond qu'il y en a autant. Alors on écarte les cailloux noirs les uns des autres, on ajoute des cailloux blancs, et on repose la même question. Et cette fois l'enfant répond : « Il y a plus de noirs. » Autrement dit, il se fonde pour répondre non pas sur le nombre abstrait, puisque maintenant il y a plus de blancs, mais sur la longueur globale de la rangée de cailloux, qui est plus longue pour les noirs. Et ce que Piaget disait, en se fondant sur des expériences de ce type, c'est que les enfants ne possèdent

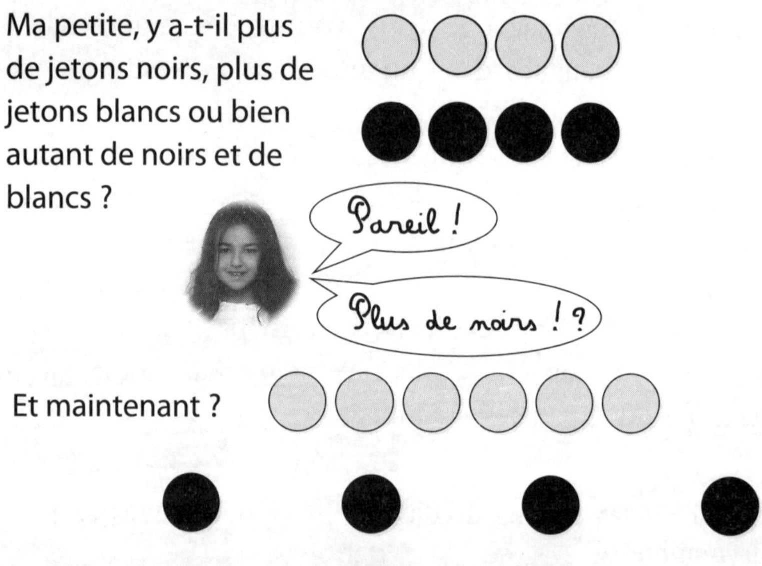

Figure 17 : Il est possible de tromper de petits enfants et de leur faire dire qu'il y a plus de jetons dans la quatrième rangée que dans la troisième…

le concept de nombre abstrait que vers l'âge de 7 ans, c'est-à-dire quand ils ne font plus d'erreurs dans des tests comme celui que je viens de décrire.

Cela peut paraître un âge incroyablement tardif à des yeux de parents, qui ont l'impression que les enfants peuvent apprécier les quantités bien avant l'âge de 7 ans !

En effet. En 1967, Jacques Mehler et Tom Bever ont publié un article dans la revue *Science*, où ils ont démontré pour la première fois que de tout petits enfants ont de véritables capacités numériques, bien avant l'âge annoncé par Piaget. Ils ont mené une expérience du genre de celle que je vous ai décrite tout à l'heure, en demandant à des enfants de choisir, parmi deux rangées, celle où il y en avait « le plus ». Ils sont allés tester des enfants très jeunes, âgés de 2 ans à 4 ans et demi, c'est-à-dire à un âge où Piaget considérait que ce n'était même pas la peine d'aller voir ! Leur grande astuce a été de se dire que si les enfants ont l'air d'être incompétents avec les nombres, c'est peut-être seulement parce qu'on ne les teste pas de la bonne manière.

Et quelle nouvelle manière de tester les enfants ont-ils inventée ?

C'est aussi simple qu'élégant (figure 18). Ils ont mis au point deux versions de l'expérience de tout à l'heure. L'une était celle que je vous ai décrite : « Mon petit, dans quelle rangée y a-t-il plus de cailloux ? » Dans l'autre version, ils ont utilisé des bonbons à la place des cailloux, et ils ont juste dit aux enfants qu'ils avaient le droit d'aller manger la rangée de leur choix.

Ça ne m'étonnerait pas que les enfants aient choisi la rangée avec le plus de bonbons…

Et c'est exactement ce qui s'est passé. Avec les cailloux, les enfants répondent de différentes manières, selon leur âge, parfois bien, parfois complètement à l'envers, parfois au hasard. En fait, quand on demande à de petits enfants d'indiquer où « il y en a le plus », leur interprétation de la question dépend de leur maîtrise du langage, de la différence qu'ils font entre « le plus » et « le plus long », des intentions et des désirs qu'ils attribuent à l'adulte qui les interroge, bref, de bien des choses qui n'ont rien à voir avec les nombres en tant que tels. En revanche, avec les bonbons, quel que soit leur âge, en fait dès l'âge de 2 ans, ils s'y retrouvent très bien et vont toujours manger la rangée avec le plus de bonbons ! Au-delà de la question particulière des nombres, cela prouve que les petits enfants en savent beaucoup plus long que ce qu'ils peuvent nous dire avec des mots.

Figure 18 : … en revanche, les enfants ne se trompent jamais s'il s'agit de choisir une rangée de bonbons !

Et peut-on remonter encore plus dans le temps, avant l'âge de 2 ans ?

Un article très intéressant est paru l'année dernière, qui étudie le concept de nombre chez des nouveau-nés âgés en moyenne de 2 jours.

Je suppose qu'ils sont un peu jeunes pour qu'on leur demande de manger des bonbons…

En effet, chaque âge nécessite des techniques de test adaptées. Les chercheurs ont présenté aux bébés des séries de sons, toujours le même nombre, par exemple des séries de 4 sons comme ta-ta-ta-ta, fi-fi-fi-fi, gou-gou-gou-gou, etc., pendant 2 minutes, pour essayer d'habituer le bébé au nombre 4 (figure 19). Ils ont ensuite montré aux bébés plusieurs images, l'une après l'autre. Sur chaque image figurait un certain nombre de formes géométriques. Sur certaines le nombre de formes correspondait au nombre de sons (ici 4), sur d'autres le nombre de formes était différent (par exemple 12).

Comment réagissaient alors les bébés ?

Ils regardaient chaque image, jusqu'à en avoir assez, alors ils regardaient ailleurs. Les chercheurs ont justement mesuré le temps passé par les bébés à regarder les différentes images, selon que le nombre de formes correspondait ou non au nombre de sons auquel ils avaient été habitués.

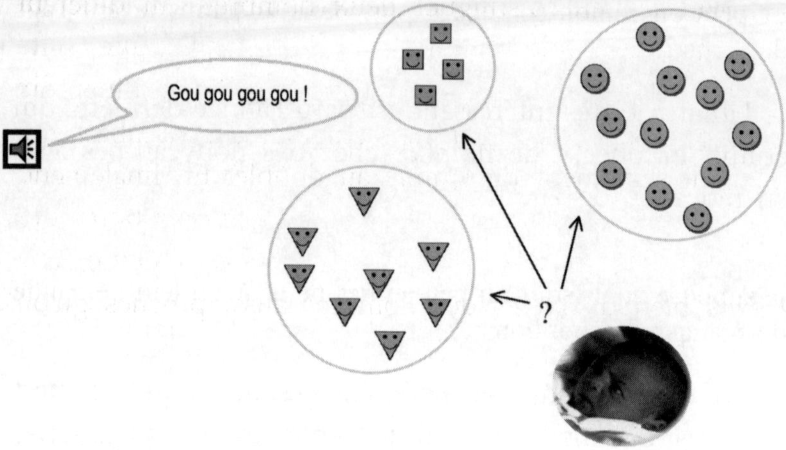

Figure 19 : Après avoir été habituée à 4 sons, la demoiselle préfère-t-elle regarder 4, 12 ou 8 formes ?

Alors, quand ils avaient été habitués à écouter 4 sons, les bébés préféraient-ils regarder 4 formes ou bien 12 ?

Ils préféraient regarder 4 formes. Ils préféraient regarder le nombre d'objets correspondant aux sons qu'ils avaient entendus. Autrement dit, dès leur naissance, les bébés savent qu'il y a quelque chose en commun entre 4 sons et 4 formes – et la seule chose en commun, c'est justement le nombre 4, concept tout à fait abstrait.

Au passage, cela nous apprend qu'à la naissance les bébés peuvent distinguer le nombre 4 du nombre 12. Est-ce que l'expérience aurait été aussi probante s'ils avaient dû choisir entre 4 objets et 5 objets ?

Non, certainement pas. Les petits enfants, comme les animaux, ont une notion approximative des nombres. Un nouveau-né peut distinguer deux nombres qui diffèrent du simple au triple (comme 4 et 12). Par la suite, cette connaissance des nombres va progressivement s'affiner. Six mois plus tard, ils pourront distinguer des nombres qui diffèrent seulement du simple au double. Et, finalement, ce n'est qu'en sachant compter, en utilisant les noms des nombres, que nous pouvons nous représenter comme deux choses bien distinctes des nombres aussi proches qu'on veut, comme 5 677 et 5 678.

8.

La dyscalculie, cette inconnue

Tout le monde a entendu parler de la dyslexie, mais il existe d'autres troubles de l'apprentissage, beaucoup moins connus. Pour changer, nous allons parler de la dyscalculie.

La dyslexie est une difficulté à apprendre à lire qui ne s'explique pas par des difficultés intellectuelles générales ni par un défaut d'éducation. C'est ce qu'on appelle un « trouble spécifique de l'apprentissage ». La dyscalculie est un problème du même type, sauf qu'au lieu de difficultés de lecture, les enfants rencontrent des difficultés isolées à l'apprentissage des mathématiques, là encore sans que cela s'explique par un défaut d'éducation ou par un retard intellectuel global.

Est-ce un problème exceptionnel ?

Non. On estime qu'au moins 5 % des enfants sont dyscalculiques, à divers degrés. C'est un pourcentage comparable à celui de la dyslexie, même si on en parle moins.

Et quels sont les premiers signes qui devraient alerter les enseignants ou les parents ?

Chez des enfants à l'école primaire, on peut constater un retard dès l'apprentissage du comptage, c'est-à-dire de l'utilisation de la suite de mots « un, deux, trois... » pour dénombrer des objets. Plus souvent, on voit les enfants utiliser des stratégies bizarres et laborieuses pour faire des additions très simples, notamment en comptant sur leurs doigts (ce qu'ils continuent à faire au-delà de l'âge habituel). Ils ont aussi des difficultés à mémoriser les tables de multiplication ou d'addition, parce qu'ils ne saisissent pas vraiment leur sens. Et ils ont parfois du mal à estimer les quantités (« la salle de classe fait 30 mètres de haut »). Les manifestations sont donc assez variées. Fondamentalement, ces difficultés résultent d'une mauvaise intuition du sens des nombres, des quantités qu'ils représentent, de leur grandeur relative les uns par rapport aux autres.

Et, les apprentissages sont normaux dans tous les autres domaines ?

Ils peuvent l'être si la dyscalculie est isolée. Toutefois, ces enfants ont un risque plus important que d'autres de souffrir d'autres troubles des apprentissages, comme la dyslexie, ou la dyspraxie (trouble de la coordination), ou encore des troubles de l'attention.

Quelle est la cause de la dyscalculie ?

Vous posez en fait là deux questions distinctes, deux réponses sont donc nécessaires. La première, c'est que la dyscalculie est la conséquence d'anomalies présentes dès la naissance dans les régions cérébrales responsables de la manipulation des nombres. Il y a notamment dans les lobes pariétaux (voir figure 13) une région qui code les représentations que nous avons des quantités (peu, beaucoup, plus, moins), c'est-à-dire du sens des nombres. La seconde question, c'est de connaître l'origine de ces anomalies cérébrales. Les causes sont multiples, un mélange de génétique et de lésions accidentelles. L'existence d'une composante génétique est certaine, même si on n'a pas précisément identifié les gènes en cause. D'ailleurs, des études réalisées sur des milliers de jumeaux ont montré que, même dans la population « normale », non dyscalculique, les capacités mathématiques dépendent d'une composante héréditaire assez importante. Certaines anomalies génétiques, comme le syndrome de Turner (des femmes à qui manque tout ou partie d'un des deux chromosomes X qu'elles possèdent normalement), engendrent assez souvent des difficultés en mathématiques.

Vous affirmez néanmoins que tout n'est pas génétique ?

En effet. Par exemple, une des causes bien connues de la dyscalculie est le SAF, le syndrome d'alcoolisme fœtal, c'est-à-dire des troubles cognitifs chez les enfants dont la mère a consommé de l'alcool pendant la grossesse. La prématurité est également un facteur de risque supplémentaire.

Quelle que soit la part d'inné ou d'acquis, a-t-on observé des anomalies objectives dans le fonctionnement du cerveau des enfants (ou des adultes) dyscalculiques ?

Oui, on a identifié de subtiles anomalies, en particulier dans ces régions pariétales dont je parlais et qui sont à la base de notre intuition des quantités. Par exemple, dans une étude publiée il y a maintenant dix ans, on a constitué un groupe d'adolescents qui avaient en commun d'être nés prématurés. Parmi ces anciens prématurés, environ la moitié rencontraient des difficultés dans l'apprentissage des mathématiques. On a donc comparé grâce à l'IRM l'anatomie des cerveaux de ces deux groupes, ceux avec et ceux sans difficultés mathématiques. On a observé que la substance grise, c'est-à-dire le cortex, est un peu moins développée dans la région pariétale chez les adolescents dyscalculiques que chez les autres.

Et au-delà de la curiosité scientifique, quel est l'intérêt de mieux connaître la dyscalculie ?

Il y a un intérêt médical et social majeur. La dyscalculie représente un handicap sévère dans le domaine scolaire, académique, professionnel. Comme pour la dyslexie, il est très important de dépister ce problème le plus tôt possible. En effet, ce n'est pas parce que « ça se passe dans le cerveau » qu'il n'y a rien à faire. Notre cerveau est plastique et ne cesse pas d'apprendre, que vous soyez dyscalculique ou pas. Diverses méthodes d'entraînement pour les enfants dyscalculiques ont été mises au point, dont un certain nombre de jeux sur ordinateur développés sur des bases scientifiques. L'idée générale est de renforcer l'intuition des quantités que les nombres représentent, et les liens entre les quantités et les symboles (chiffres ou noms de nombres). Surtout, il faut absolument que les enseignants et les parents sachent que cela existe et que, dès que le problème est soupçonné, les enfants soient évalués précisément et pris en charge par des personnes compétentes.

9.

Un long hiver à Amsterdam

Il y a une chanson d'Alain Souchon qui dit : « On est foutus on mange trop ! » Sait-on si le fait de manger beaucoup ou peu a un impact, favorable ou défavorable, sur le fonctionnement de notre cerveau ?

Un certain nombre d'études suggèrent qu'une restriction alimentaire raisonnable a des effets bénéfiques sur la longévité. Cela a été montré chez des espèces très variées, de la levure aux primates, en passant par les vers et les rongeurs. Attention, je ne parle évidemment pas de privation alimentaire, mais d'une réduction raisonnable de l'apport calorique.

Admettons donc que manger moins permet de vivre plus vieux. Mais sait-on si cela a des conséquences sur le fonctionnement de notre cerveau pendant les années que nous allons passer sur cette Terre ?

Là encore, la plupart des données viennent d'études menées chez les animaux. Il semble, chez le rat et la souris, que la diète favorise la prolifération des neurones notamment dans l'hippocampe, et que des souris souffrant d'une sorte d'équivalent, de modèle comme on dit, de la maladie d'Alzheimer, obtiennent de meilleurs résultats dans des tests de fonctionnement intellectuel quand elles ont été mises à la diète.

Question qui vient immédiatement à l'esprit, est-ce la même chose chez l'homme ?

À ma connaissance, les conclusions ne sont pas encore tranchées, mais il semble probable que manger en quantité raisonnable aide à résister aux effets du vieillissement. Attention surtout, je ne veux pas être mal compris : la véritable sous-alimentation ou des carences en tel ou tel type d'aliments font évidemment beaucoup plus de mal que de bien. Notamment au cours de la grossesse.

Vous voulez dire que, si les femmes enceintes se sous-alimentent, le développement intellectuel de leur progéniture risque d'en souffrir ?

En fait, je vous parle de cela à la suite de la publication récente d'une étude hollandaise qui m'a paru intéressante, notamment parce qu'elle fait une sorte de plongée dans l'histoire du XXe siècle. En 1944, le sud de la Hollande avait été libéré par les Alliés, ce qui n'était pas encore le cas du nord du pays. Le gouvernement hollandais en exil a alors déclenché une grève des trains afin de gêner les déplacements des troupes allemandes et aider les Alliés. Par mesure de représailles, les Allemands ont alors interdit tout transport de nourriture. Fin 1944, les transports ont été de nouveau autorisés, mais uniquement *via* les canaux qui parcourent la Hollande. Hélas, cet hiver-là a été particulièrement précoce et froid, les canaux ont gelé, et l'ouest de la Hollande a subi une véritable disette.

Et parmi les victimes de cette sous-alimentation, il y avait, je suppose, des femmes enceintes…

Précisément. L'étude dont je vous parle s'est intéressée au devenir des enfants de ces femmes ; ils se sont procuré les registres d'une importante maternité d'Amsterdam et ont pris contact avec les enfants (âgés alors de près de 60 ans…) dont la mère avait connu la famine lors de sa grossesse. Ils les ont naturellement comparés à des enfants nés dans le même hôpital, mais qui avaient vu le jour juste avant ou bien qui avaient été conçus juste après la période de famine. C'est une étude qui a porté sur plusieurs centaines d'individus.

Comment ces « anciens enfants » ont-ils été étudiés ?

On a recueilli différentes mesures concernant leur mode de vie et leurs habitudes, et on les a soumis à quatre tests de fonctionnement intellectuel, portant sur le raisonnement, la mémoire, l'attention, l'apprentissage moteur.

Les enfants dont la mère avait souffert de la famine se distinguent-ils des autres ?

Les différences étaient très limitées, mais pas nulles. Plus précisément, les sujets dont la mère avait été affectée par la famine pendant le premier trimestre de la grossesse étaient moins bons dans un test qu'on appelle la « tâche de Stroop » (parce qu'inventé par M. Stroop en 1935) (figure 20). En voici le principe : si je vous demande de lire à haute voix des noms de couleurs, c'est très facile. Maintenant, si je vous montre le mot « vert » écrit en rouge, et que je vous demande de nommer la couleur de l'encre et de vous empêcher de lire le mot, vous vous apercevez tout de suite que c'est beaucoup plus difficile. C'est précisément cette tâche qui pose quelques problèmes à certains des adultes étudiés, plus précisément à ceux dont la mère avait souffert de la faim pendant la première partie de sa grossesse.

Figure 20 : Dans le test de Stroop, il est difficile de nommer la couleur de l'encre sans se laisser influencer par le mot écrit.

Et sait-on pourquoi c'est ce test-là en particulier qui est concerné ?

Pas réellement. Il s'agit d'un test qui évalue la capacité à échapper aux automatismes, aux réflexes (comme de lire un mot qu'on a devant soi), et à faire quelque chose d'inhabituel (comme nommer la couleur de l'encre), au prix d'efforts et d'attention. C'est la région préfrontale qui est critique pour cela. Or on sait qu'au cours du vieillissement normal, cette région préfrontale fonctionne un peu moins bien. C'est pourquoi les auteurs de cette étude suggèrent que, peut-être, il y aurait chez ces sujets une sorte de vieillissement cognitif plus marqué, un héritage tardif de la famine subie par leur mère, soixante ans plus tôt, parce l'hiver 1944 avait été rude à Amsterdam.

III.

HISTOIRES MORALES ET DÉGOÛTANTES

1.

Je me mets à votre place !

« Ah ma pauvre dame, comme je vous comprends, je me mets à votre place ! » Voilà ce que vous allez dire si votre voisine vous raconte ses malheurs. Comment donc peut-on faire pour se mettre à la place de quelqu'un d'autre ?

En fait, il y a deux manières de se mettre à la place de quelqu'un d'autre. La première est ce qu'on appelle l'empathie. C'est quelque chose de très physique. Par exemple, quand vous voyez quelqu'un se coincer le doigt dans une porte, vous avez presque la sensation de vous être vous-même fait mal au doigt. C'est une sorte de partage automatique des sensations et des émotions, simplement quand on voit quelqu'un d'autre les éprouver.

Sait-on quels sont les mécanismes de l'empathie ?

Les mécanismes cérébraux de l'empathie ont été observés, par exemple en étudiant les activations cérébrales lorsqu'on voit quelqu'un d'autre souffrir. Un résultat important de ces études, c'est qu'une grande partie des régions qui s'activent sont les mêmes que vous voyiez quelqu'un d'autre avoir mal ou qu'on vous fasse réellement mal.

Cela, c'est donc l'empathie, le fait de partager presque physiquement les sensations de quelqu'un d'autre. Mais vous disiez qu'il y a une seconde manière de s'imaginer dans la peau de quelqu'un d'autre.

En effet. L'autre manière de se mettre à la place d'autrui est beaucoup plus abstraite, plus intellectuelle, c'est ce qu'on appelle souvent la « théorie de l'esprit ». On pourrait aussi l'appeler la « lecture dans les pensées », sans que cela n'ait rien de surnaturel, bien sûr. *Je* sais que ce que *vous* savez, ce que *vous* croyez, ce que *vous* aimez, est différent de ce que *je* sais, *je* crois, ou *j*'aime moi-même. Et je peux donc réfléchir et raisonner sur vos pensées, parce que je sais qu'elles sont différentes des miennes. Ça me permet par exemple de prédire comment vous allez vous comporter dans une circonstance donnée, de savoir quoi faire pour vous faire plaisir, etc.

Concrètement, comment peut-on étudier les mécanismes de cette théorie de l'esprit ?

Voici un exemple qui a été beaucoup utilisé, en particulier pour savoir à partir de quel âge les enfants développent cette capacité à se représenter ce que les autres ont dans la tête. On montre à un enfant la scène suivante, sous forme d'un film ou d'une bande dessinée : imaginez une pièce avec deux filles, Élisabeth et Sarah. Élisabeth a un paquet de bonbons. Elle le range dans un panier. Puis elle sort de la pièce. Aussitôt, Sarah va prendre les bonbons, les sort du panier et les cache ailleurs, dans un placard par exemple. Alors, Élisabeth rentre dans la pièce pour récupérer les bonbons. À ce moment, on pose une question cruciale à l'enfant qu'on est en train de tester : « Où est-ce qu'Élisabeth va aller chercher ses bonbons ? » Qu'est-ce que vous répondriez, vous ?

Si j'ai bien suivi, je répondrai : « Élisabeth va aller les chercher dans le panier. »

Exactement. Vous savez que les bonbons ne sont plus dans le panier, mais dans le placard, mais surtout vous vous rendez compte qu'Élisabeth, elle, ne le sait pas. Comme elle n'était pas là quand Sarah a déplacé les bonbons, elle croit qu'ils sont toujours dans le panier ! Vous avez une théorie de l'esprit d'Élisabeth. Plus généralement, vous vous rendez compte que les autres peuvent croire quelque chose de différent de vous.

Et comment répondent les enfants ?

Cela dépend de leur âge. À partir de 4 ans environ, ils répondent comme vous et moi, ils ont une théorie de l'esprit. Avant cet âge, ils ont tendance à dire : « Élisabeth va aller voir dans le placard. » Ils savent que les bonbons sont dans le placard et ne peuvent imaginer que quelqu'un d'autre pense autre chose qu'eux-mêmes. Par ailleurs, on a montré qu'au-delà de 4 ans, des enfants qui souffrent d'autisme continuent à répondre de cette manière. C'est une des bases de l'idée que les gens qui souffrent d'autisme ont un défaut de théorie de l'esprit, qu'ils ont du mal à se représenter ce qui se passe dans la tête d'autrui. Cette difficulté entraîne logiquement des difficultés dans l'établissement d'interactions sociales normales.

Revenons un instant à l'idée d'empathie que nous évoquions tout à l'heure. Existe-t-il des anomalies, des maladies de l'empathie ?

On pense que ce qu'on appelle les psychopathes ont un défaut d'empathie. Qu'est-ce que c'est qu'un psychopathe ? De façon assez caricaturale, pensez au psychiatre cannibale Hannibal Lecter dans *Le Silence des agneaux*, qui est une sorte de psychopathe hautement sophistiqué. En réalité, on désigne sous ce terme un type d'individus qui ne passent pas forcément à l'acte dans le domaine criminel, mais qui sont à la fois imbus d'eux-mêmes, très impulsifs, et surtout remarquablement indifférents aux souffrances d'autrui, notamment à celles qu'ils peuvent eux-mêmes infliger. Ils présentent d'ailleurs des réponses physiologiques atténuées lorsqu'on leur montre des images de souffrance.

Les deux façons de se mettre à la place d'autrui dont nous avons parlé, l'empathie et la théorie de l'esprit, ont l'air bien différentes. Ce sont deux systèmes cérébraux distincts qui sont en jeu ?

En gros oui. Il y a, d'une part, des régions impliquées dans la théorie de l'esprit et, d'autre part, des régions impliquées plutôt dans l'empathie.

2.

Le délit de sale gueule

Le dégoût est la chose du monde la mieux partagée. Il fait partie des quelques émotions fondamentales, comme la peur, la joie, la tristesse, qui sont ressenties et exprimées de la même manière par tous les hommes, quelle que soit

Figure 21 : Charles Darwin a spéculé sur la raison d'être biologique du dégoût et des autres émotions de base chez l'homme et chez les animaux.

la culture à laquelle ils appartiennent. Voir un tas de nourriture pourrie ou une plaie purulente suscite partout le dégoût, et cette émotion s'exprime partout de la même manière : bouche entrouverte, nez froncé, lèvre supérieure relevée. En cas d'extrême dégoût, certaines personnes vont jusqu'à vomir tripes et boyaux.

Si le dégoût est si profondément ancré dans notre nature, je suppose qu'il a une certaine utilité ?

En effet. C'est une idée qui a été proposée très clairement par Charles Darwin, qui a écrit un ouvrage intitulé *L'Expression des émotions chez les animaux et chez l'homme*. La figure 21 montre d'ailleurs une image assez mélodramatique du dégoût tirée de cet ouvrage de Darwin. On y voit le photographe Oskar Gustav Rejlander (avec et sans chapeau) associer à la mimique usuelle un mouvement de recul, alors que ses mains semblent repousser quelque chose. La thèse de Darwin est que les émotions de base sont le produit de la sélection naturelle, parce qu'elles ont une utilité et que, pour cette raison, nous les partageons assez largement avec les animaux.

Quelle est donc l'utilité qu'on peut prêter au dégoût ?

Son utilité est sans doute de nous faire rejeter les aliments ou les substances toxiques qui approchent notre bouche ou y entrent, de nous faire expulser ce qui pourrait nous contaminer, typiquement des aliments avariés. À l'extrême, on retrouve l'ancêtre ultime du dégoût chez les anémones de mer, qui existent depuis 500 millions années et qui sont capables de recracher les substances amères qu'on leur fait ingérer.

Peut-être, mais le dégoût a pour nous une signification plus complexe et plus riche que pour une anémone de mer...

Nous éprouvons toujours un dégoût viscéral face à un goût immonde ou une odeur putride, mais nous avons aussi des dégoûts au 2e et au 3e degrés. Je m'explique. Beaucoup de gens trouveraient répugnant de boire du jus d'orange dans un pot de chambre, même si celui-ci a été soigneusement lavé, ou bien de boire un verre de jus d'orange dans lequel quelques cafards (bien propres) auraient été plongés. On pourrait appeler ça dégoût au 2e degré, parce qu'un objet en lui-même irréprochable (le jus d'orange) a hérité son caractère répugnant d'un objet lui-même considéré comme dégoûtant. Et il existe un dégoût encore plus abstrait, qu'on pourrait appeler au 3e degré, qui est le dégoût moral. C'est ce qui transparaît dans l'expression « une plaisanterie de mauvais goût ».

... Ou encore dans « sale type » ou « personnage puant ». Mais quel est le rapport entre le dégoût moral et celui qu'on peut éprouver pour une charogne nauséabonde ?

Certains disent que cela n'a rien à voir, qu'il s'agit seulement d'une métaphore, d'une façon de parler – comme lorsqu'on parle de « soif de connaissance », ce qui n'a rien à voir avec le fait d'être déshydraté. Pourtant, d'autres pensent que les émotions élaborées, comme le dégoût moral, réutilisent, recyclent des mécanismes anciens liés à des émotions viscérales. Par exemple, si la fonction première du dégoût est de faire recracher, rejeter des substances étrangères et toxiques, ces mêmes mécanismes pourraient être réactivés pour exprimer par exemple le rejet d'une transgression morale.

Si c'était le cas, on s'attendrait à ce que les mêmes mécanismes neuronaux soient mis en jeu pour toutes les variétés de dégoût. Qu'en est-il ?

Quelques études ont utilisé l'imagerie cérébrale pour voir si le dégoût viscéral et le dégoût moral activaient les mêmes circuits cérébraux. Les conclusions ne sont pas encore très claires. Par exemple, certaines régions cérébrales comme l'insula semblent intervenir dans les deux cas, mais l'insula intervient aussi dans bien d'autres processus mentaux que le dégoût, et l'interprétation de tout cela n'est pas univoque (figure 22). Quoi qu'il en soit, j'ai choisi de vous parler du dégoût à la suite d'une étude

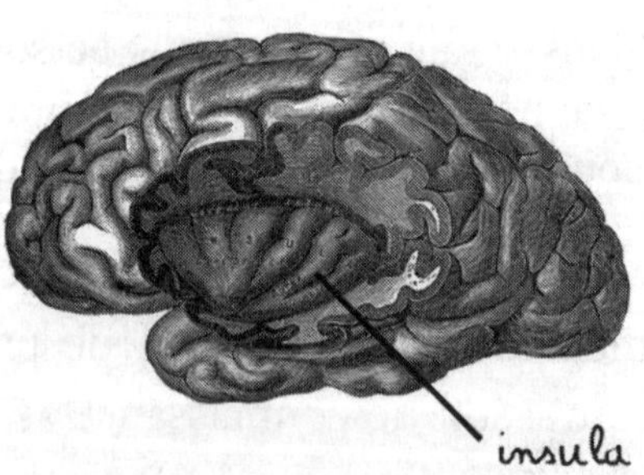

Figure 22 : L'insula, une des régions activées dans le dégoût physique et le dégoût moral.

parue dans la très prestigieuse revue *Science*, et qui cherche à répondre à cette question.

Cette étude utilise-t-elle des techniques d'imagerie cérébrale sophistiquées ?

Non, elle repose sur l'étude des grimaces… En simplifiant les choses, ils soumettent les sujets de leurs expériences à trois types de dégoût, chacun dans des versions plus ou moins intenses : premièrement, le dégoût physique, en leur faisant boire des jus plus ou moins amers et ignobles ; deuxièmement, le dégoût au 2e degré, en leur présentant des photos de blessures, de crottes et d'autres images plus ou moins déplaisantes ; troisièmement, le dégoût moral. Pour le dégoût moral, ils ont utilisé un jeu très simple et rusé connu sous le nom d'Ultimatum. Il se joue à deux et la règle est ridiculement simple : j'ai 10 euros que je dois partager avec vous, et c'est à moi de vous proposer comment partager. Vous pouvez accepter ou refuser ma proposition. Si vous refusez, aucun de nous deux ne touche rien. Imaginons que je vous propose que nous prenions chacun 5 euros, vous allez probablement accepter. Si en revanche je vous propose de garder 9 euros pour moi et de vous donner 1 euro, vous allez trouver ça tellement injuste et tellement… *dégoûtant*, que vous allez probablement refuser, même si, au passage, cette décision vous fait perdre l'euro que vous auriez pu toucher. En rendant les propositions plus ou moins injustes, on peut donc manipuler le degré de dégoût moral.

Et comment les chercheurs ont-ils mesuré objectivement le dégoût suscité par ces trois situations ?

Je simplifie un peu, mais ils mesurent la contraction du muscle *levator labii* (« élévateur de la lèvre »), qui est le principal muscle impliqué dans la grimace de dégoût. Ils demandent parallèlement aux sujets d'évaluer subjectivement le dégoût qu'ils ressentent. Le principal résultat, c'est que pour les trois types de dégoût (physique, au 2e degré et dégoût moral), l'intensité objective de la stimulation dégoûtante, l'impression subjective de dégoût et la contraction du muscle, c'est-à-dire l'intensité de la grimace, sont fortement corrélées.

Si, comme vous le suggérez, le dégoût moral et le dégoût physique reposent sur une base commune, on s'attendrait à ce que les jugements moraux soient influencés par des caractéristiques purement physiques d'une situation.

C'est ce qu'on appelle le « délit de sale gueule » : si vous n'êtes pas propre physiquement, vous risquez d'être mal jugé sur le plan moral. Laissez-moi vous faire part d'une expérience assez cocasse qui porte sur l'influence du dégoût physique sur le dégoût moral. Les chercheurs ont proposé à leurs sujets de donner leur opinion sur la valeur morale de petites histoires : est-il moral que des cousins germains couchent ensemble ? Est-il moral d'aller travailler en voiture quand on habite à proximité de son bureau ? Est-il moral, par curiosité, de goûter la viande de son chien tué par une voiture ? Est-il moral de trafiquer son CV pour obtenir un emploi ? L'originalité de l'étude consistait à poser ces questions dans des ambiances matérielles plus ou moins dégoûtantes. Par exemple, les chercheurs ont vaporisé dans la pièce une dose variable de « *fart spray* » (je vous laisse le soin de traduire…), produit à base de sulfure d'ammonium que l'on trouve dans les boutiques de farces et attrapes. Une autre manière de manipuler l'ambiance était de pratiquer les tests soit dans un lieu impeccable, soit dans une pièce malpropre, sur une table maculée de ketchup collant, jouxtant une poubelle débordant de vieux morceaux de pizza et un fauteuil hébergeant une douteuse chaussette.

C'est ignoble. Quel a été le résultat de cette appétissante étude ?

Essentiellement que les jugements moraux étaient plus sévères lorsqu'ils étaient formulés dans une ambiance physiquement dégoûtante.

Tous ces résultats semblent donc aller dans le sens des idées de Darwin dont nous parlions tout à l'heure ?

En effet. Le fait d'observer les mêmes réactions physiologiques de dégoût moral et de dégoût physique, et le fait que l'un ait une influence sur l'autre, suggère que la réaction primitive de dégoût visant à rejeter des produits toxiques a été recyclée chez l'homme pour exprimer le rejet moral, c'est-à-dire le rejet de comportements négatifs dans le domaine des relations sociales.

3.

Dans le jardin du bien et du mal

Nous venons de voir pourquoi nous sommes capables de nous représenter ce qui se passe dans la tête d'autrui, et combien cette capacité est essentielle à toute vie sociale. Le jugement moral et la justice elle-même ne reposent-ils pas sur cette capacité à interpréter les intentions cachées qui se trouvent derrière les actes ?

Les règles du droit nous disent des choses très intéressantes sur ce point. Imaginez que vous faites tomber un pot de fleurs par la fenêtre, et que ce pot de fleurs assomme un passant. Pour le droit civil, que vous ayez fait exprès de le faire tomber ou que ce soit accidentel, comme le pot est à vous, vous serez responsable dans les deux cas et vous devrez payer des dommages et intérêts à la victime. En revanche, pour le droit pénal, on jugera votre intention et cela fera une grosse différence. Si vous avez fait exprès de lancer le pot dans le but d'assommer un innocent passant, vous serez condamné pour tentative de meurtre, alors que l'infraction sera considérée comme beaucoup moins grave si votre pot est tombé à cause d'un coup de vent malheureux.

Cela correspond bien à l'intuition qu'un acte est moralement condamnable, non seulement en fonction de ses conséquences néfastes, mais aussi en fonction de l'intention de nuire qui est à son origine.

En effet, et pour apprécier cette intention, un jury doit être capable de discerner les idées, les croyances, plus généralement les états mentaux de celui qui a commis l'action.

Et comment fait-on pour lire dans l'esprit d'autrui ?

Nul besoin d'être télépathe, nous faisons cela toute la journée : dès que nous avons affaire à quelqu'un, nous ne cessons de former des théories sur ce qu'il pense, veut, croit, etc. Et il y a dans notre cerveau tout un réseau de régions, qu'on commence à connaître, qui nous permettent ainsi d'attribuer des états mentaux à autrui et de nous en servir ensuite, par exemple pour porter un jugement moral sur ses actes.

Pourquoi évoquer ce sujet maintenant ?

Parce qu'un article a été publié récemment, qui étudie de façon ingénieuse les mécanismes du jugement moral. Les auteurs se sont concentrés sur une région particulière du cerveau qu'on appelle la jonction temporopariétale (figure 23). C'est une des régions qui s'allument lorsqu'on pense à ce que pensent les autres. On peut la localiser grâce à l'imagerie fonctionnelle cérébrale : elle s'active plus lorsque vous entendez une histoire qui parle de la psychologie des

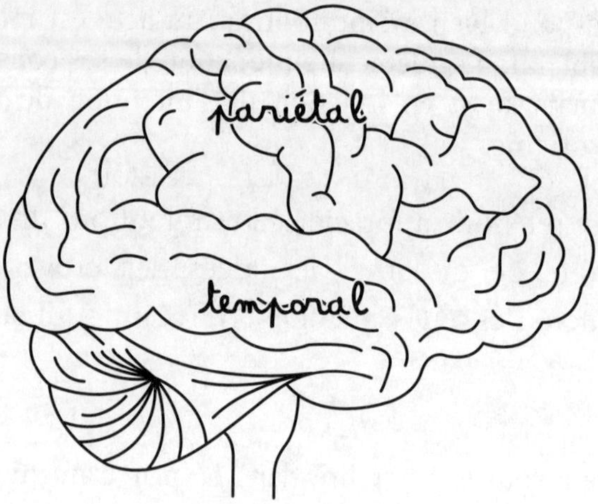

Figure 23 : La jonction temporopariétale est un des éléments du réseau de la « théorie de l'esprit ».

personnages qu'une histoire qui parle de leurs caractéristiques physiques ou, *a fortiori*, une histoire qui parle juste d'objets.

Donc, dans l'étude que vous évoquez, les chercheurs se sont intéressés à des sujets bien portants et, en IRM fonctionnelle, ils ont pu identifier l'emplacement précis de cette fameuse jonction temporopariétale. Dans quel but ?

L'idée était la suivante : si cette région est nécessaire pour déterminer les pensées et les intentions d'autrui, alors elle devrait être nécessaire pour porter un jugement moral sur un acte. En effet, nous avons vu tout à l'heure qu'une action est jugée bonne ou mauvaise en fonction des intentions qu'on prête à l'auteur. Si tel est le cas, en mettant cette région hors circuit, on devrait modifier la manière dont les gens portent des jugements moraux.

En pratique, comment ont-ils fait pour étudier les jugements moraux et pour mettre hors circuit la jonction temporopariétale ?

Pour mettre une région cérébrale hors circuit, de façon partielle et surtout de façon transitoire, inoffensive et réversible, ils ont utilisé la stimulation magnétique transcrânienne (figure 24). Il s'agit de placer une bobine de fil électrique sur la tête en regard de la région cérébrale qu'on veut sidérer. Sans entrer dans les détails, on fait passer un courant bref et intense dans la bobine, ce qui provoque un bref courant dans le cerveau en regard, ce qui interfère transitoirement avec le fonctionnement de la région concernée.

Et ils ont donc utilisé la stimulation magnétique pour interférer avec le jugement moral ?

Ils ont raconté à leurs sujets de petites histoires. Un exemple : Jules et Jim visitent une usine de produits chimiques. Pendant la visite, Jules va chercher un café pour Jim. À côté du distributeur, il y a un pot avec une poudre blanche. Jules en met une cuillerée dans le café destiné à Jim. En fait, il y a quatre variantes de cette histoire. Sur le pot de poudre, soit est inscrit le mot « sucre », soit il y a marqué « toxique ». Autrement dit, en mettant de la poudre dans le café, Jules a soit une intention tout à fait innocente, soit une intention homicide, puisqu'il sait s'il s'agit de sucre ou de poison. Par ailleurs, chacune de ces deux variantes a elle-même deux sous-variantes : soit Jim boit son café et rien ne lui arrive, soit il boit son café et meurt. Cela fait donc quatre variantes, selon qu'il y a une intention criminelle ou non, et selon qu'il y a des conséquences matérielles graves ou non. Bref, ils ont présenté à leurs sujets des histoires de ce genre et leur ont demandé chaque fois de porter un jugement moral sur l'action de Jules, sur une échelle de 1 (tout à fait condamnable) à 7 (tout à fait acceptable moralement).

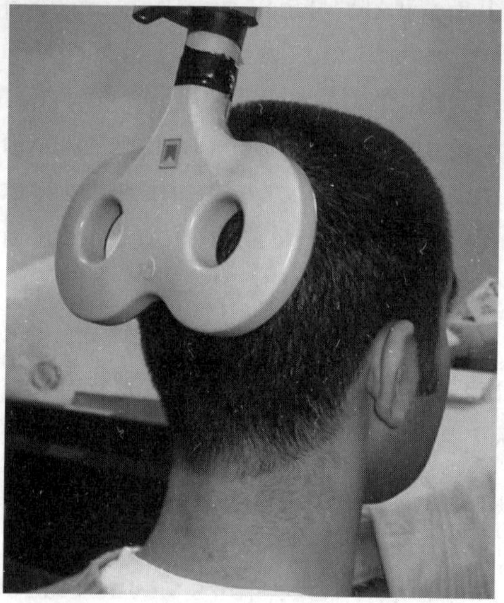

Figure 24 : La bobine de stimulation magnétique transcrânienne est placée sur le crâne en regard de la zone de cortex sur laquelle on souhaite agir.

Comment les sujets de cette expérience ont-ils répondu ?

Quand il n'y avait pas de stimulation magnétique, ou qu'elle n'était pas appliquée à la jonction temporopariétale, les sujets, de façon tout à fait logique, fondaient essentiellement leur jugement moral sur l'intention de Jules. Par exemple, le cas de la tentative d'empoisonnement ratée, où Jules pense donner du poison mais que rien n'arrive à Jim, est jugé très sévèrement. En revanche, en cas de stimulation magnétique de la jonction temporopariétale, ce jugement est un peu moins influencé par les intentions et un peu plus par les conséquences matérielles. Dans le cas de l'empoisonnement raté, le jugement est donc un peu moins sévère. Les sujets sont moins sensibles à l'intention criminelle de Jules et un peu plus à l'issue heureuse, et ils formulent un jugement moins sévère sur la tentative de meurtre. Le jugement moral ne tombe donc pas du ciel ! Il dépend de toutes sortes de circonstances matérielles, depuis l'odeur qui flotte dans la pièce jusqu'à l'état du cortex temporopariétal du juge…

4.

Le petit déjeuner du juge

La manipulation des jugements moraux par la stimulation magnétique montre que nos sentiments, notre appréciation du bien et du mal ne sont pas des notions désincarnées, mais des processus mentaux soumis aux aléas du fonctionnement cérébral. Il en va de même des décisions de justice, qui, loin de tomber des hauteurs de l'Olympe, sont le produit du cerveau de juges ou de jurés, de leurs émotions et de leurs « pannes ». Une étude récente donne un exemple assez effrayant de l'impact de contingences matérielles sur la manière dont la justice peut être rendue.

Cette étude a donc porté sur de vrais juges dans de vrais tribunaux ?

En effet. C'est une étude israélienne, qui a porté sur un bon millier de décisions de justice rendues par huit juges sur une période de dix mois. Il s'agissait de juges qui voient défiler devant eux toute la journée des prisonniers qui demandent à être mis en liberté conditionnelle. Ils peuvent prendre une décision soit favorable, soit défavorable. Les chercheurs qui ont mené cette étude ont simplement observé comment le pourcentage de décisions favorables évoluait au cours de la journée.

Et qu'ont-ils découvert de si effrayant ?

Permettez-moi de vous montrer un simple graphique, représentant le pourcentage de décisions favorables au prisonnier (figure 25). Au début de la journée, les juges sont bienveillants et répondent en général (sept fois sur dix) favorablement aux demandes. Puis la sévérité augmente de façon spectaculaire au cours de la matinée. Au point que, vers 10 heures du matin, aucune libération conditionnelle n'est plus accordée. C'est l'heure à laquelle les juges s'interrompent pour prendre un en-cas, en général

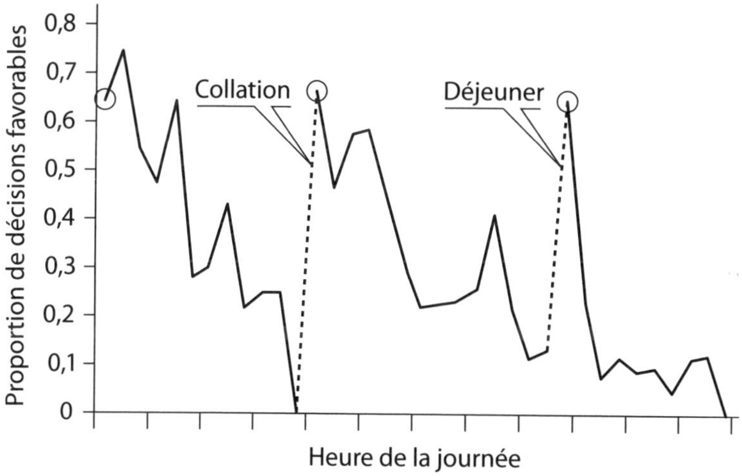

Figure 25 : Il vaut visiblement mieux passer devant un juge à l'estomac plein...

un sandwich et un fruit. Après cet en-cas, les jugements reprennent. Les juges, rassasiés, sont redevenus aussi indulgents qu'à la première heure. Mais, au cours des heures qui suivent, ils retombent dans la plus grande sévérité. Nouvelle interruption, cette fois pour le déjeuner. Au retour de leur déjeuner, les juges sont une fois de plus redevenus indulgents, puis redeviennent à nouveau de plus en plus sévères au fur et à mesure que la journée avance. On voit bien cette oscillation entre 70 % et 0 % de décisions favorables, au gré des heures de la journée.

Donc, il vaut mieux passer devant le juge quand il vient de manger que lorsqu'il est affamé et épuisé. D'ailleurs, cette étude nous dit-elle si c'est le fait de manger ou de se reposer qui les rend plus indulgents ?

En réalité, on n'en sait rien, les deux sont possibles. Il faudrait dissocier les deux hypothèses, en testant des juges qui mangent, mais ne s'arrêtent pas de juger, et des juges qui se reposent, mais sans manger… Quoi qu'il en soit, cela montre bien que la justice n'est pas une abstraction ou une application mécanique de lois, mais bien une activité humaine et donc fragile et pleine d'aléas. Comme le dit un adage anglo-saxon : « *Justice is what the judge ate for breakfast* », illustration de l'influence souvent inconsciente et méconnue de notre estomac sur nos pensées et nos décisions !

5.

Le rire est le propre des rats et des gorilles

Nous allons parler d'un des grands plaisirs de l'existence : le rire. Que se passe-t-il dans notre tête quand nous éclatons de rire ou simplement que nous sourions ?

Il faut bien distinguer deux choses. Il y a d'une part le rire lui-même, c'est-à-dire ce programme de mouvements complexes, au cours duquel le visage se déforme d'une manière particulière, le diaphragme se contracte convulsivement, le larynx vibre, la peau rougit, etc. Et il y a d'autre part les raisons pour lesquelles on rit, pour lesquelles on met en route ce programme de mouvements. Ces raisons sont évidemment très variées, depuis les chatouilles jusqu'à l'humour et les jeux de mots les plus sophistiqués, en passant par la joie de retrouver les gens qu'on aime, sans oublier le gaz hilarant.

Mettons pour le moment de côté les raisons pour lesquelles nous rions. Y a-t-il dans le cerveau une machinerie spécialisée dédiée au rire ?

Il existe un système particulier, localisé dans le tronc cérébral, juste sous le cerveau, qui orchestre savamment tous les mouvements impliqués dans le rire (figure 26). C'est ce système qui va prendre les commandes et piloter les expressions de votre visage, votre respiration, etc. C'est pour cela que, si on essaie de rire sur commande, de faire semblant de rire, le résultat n'est pas du tout convaincant : on essaie alors de court-circuiter le chef d'orchestre du rire, qui lui seul détient le programme exact et automatique du vrai rire.

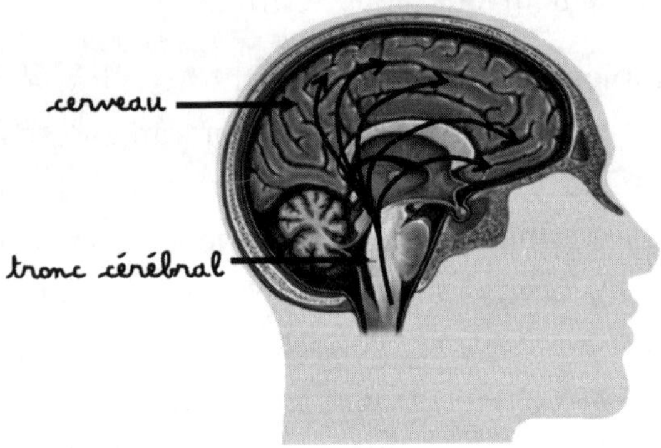

Figure 26 : Le tronc cérébral héberge le système qui orchestre la production du rire.

Et que se passe-t-il si ce chef d'orchestre du rire ne dirige pas normalement son orchestre ? Est-ce que les neurologues rencontrent des pathologies du rire ?

Il existe des anomalies « en plus », et des anomalies « en moins ». Du côté des excès de rire, il existe des crises d'épilepsie, c'est-à-dire des décharges électriques parasites dans une région du cerveau, qui activent ce système et se manifestent par de grands éclats de rire, en l'absence de tout événement hilarant. On les appelle des crises gélastiques (*gelos* signifie « rire », en grec), et elles sont très rares. Nettement plus fréquent est ce qu'on appelle « rire et pleurer spasmodique ». Il s'agit de patients qui ont souvent de petites lésions cérébrales disséminées, en général vasculaires. Ces petites lésions font que le cortex ne contrôle plus, n'inhibe plus, le chef d'orchestre du rire qui se trouve dans le tronc cérébral, comme nous l'avons vu. Pour un oui ou pour un non, à la plus petite émotion, ce mécanisme se déclenche comme un réflexe et le patient rit, ou pleure, ou souvent mélange rire et pleurs, sans pouvoir s'en empêcher.

Et, inversement, y a-t-il des circonstances dans lesquelles un patient n'arrive pas à rire ?

Il existe ce que les neurologues appellent des dissociations automatico-volontaires : le rire volontaire est possible, mais pas le rire automatique, ou bien le contraire. Ainsi, le sourire spontané peut être diminué par exemple dans la maladie de Parkinson, où l'ensemble de la mimique du visage est atténué. Mais ces patients n'ont pas réellement de paralysie, ils peuvent donc se forcer à sourire volontairement, au prix d'un certain effort. La situation opposée existe également. Certains patients atteints d'une paralysie du visage, par exemple à la suite d'un accident vasculaire, ne peuvent plus effectuer de mouvements volontaires. Ils sont incapables ainsi de sourire exprès. En revanche, leur sourire spontané persiste, déclenché par exemple par un sentiment de joie.

Cette mécanique du rire, orchestrée dans le tronc cérébral, est habituellement mise en route par une activité mentale complexe et variée, qui met en jeu les émotions et la sophistication de l'humour. Je suppose que cette activité mentale doit mettre en branle une bonne partie du cerveau ?

En effet. Si l'on fait entendre à des sujets des histoires plus ou moins drôles, il y a de très vastes régions qui s'activent d'autant plus que l'histoire est plus désopilante. Donc en effet, toutes sortes de réseaux cérébraux sont mobilisées par l'humour.

Maintenant que nous avons un peu parlé de la mécanique du rire, voyons à quoi le rire peut bien servir. Ce serait étonnant que quelque chose d'aussi universel et d'aussi spectaculaire ne serve à rien !

Charles Darwin, qui a aussi écrit un livre sur l'expression des émotions chez l'homme et l'animal, a suggéré que le rire est une manifestation de joie sociale, une façon de dire : « On est bien ensemble, on se fait confiance. » Pour lui, le fait de renforcer de cette façon la cohésion du groupe augmente les chances de survie de ce dernier. Le rire présenterait donc un certain avantage en termes de sélection naturelle.

Mais si le rire a pour « raison d'être » de favoriser les relations sociales, il devrait aussi exister dans d'autres espèces animales possédant des liens sociaux. Autrement dit, Rabelais avait-il raison d'écrire que « le rire est le propre de l'homme » ?

Comme vous le voyez sur la figure 27, il y a des correspondances manifestes entre hommes et singes dans l'expression des émotions. Il convient toutefois de les interpréter avec prudence. Une étude assez étonnante est d'ailleurs parue à ce sujet. En bref, pour étudier le rire, les chercheurs ont simplement chatouillé différents primates : quelques bébés humains entre 1 et 2 ans, des gorilles, des chimpanzés, des bonobos, des orangs-outangs et un singe plus éloigné de nous portant le nom de siamang. Et, en les chatouillant, ils les ont fait rire, et ils les ont enregistrés !

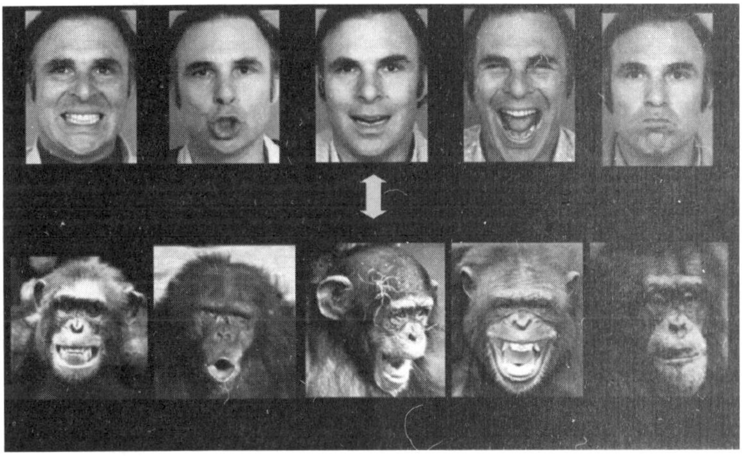

Figure 27 : Il est tentant de faire des parallèles entre les expressions émotionnelles de l'homme et du chimpanzé.

Difficile de croire que, par amour de la science, on aille chatouiller des gorilles de 200 kg !

Et pourtant… On peut d'ailleurs trouver sur Internet un film qui le prouve. On y voit le gorille, qui adore se faire chatouiller la plante des pieds, qui en redemande, et surtout on l'entend rire ! Cela ressemble plus à une sorte de grognement rythmique qu'à un rire cristallin, mais on reconnaît quand même bien un rire. Les chercheurs ont ainsi recueilli toute une collection de rires, dont ils ont analysé et mesuré très finement les caractéristiques acoustiques, pour déterminer les points de ressemblance et de différence entre les espèces.

Figure 28 : Singe mort de rire sous les chatouilles.

Et quels résultats ont donnés ces analyses ?

Le rire humain a évidemment des particularités : il est plus sonore, dans le sens où il comporte de vraies voyelles (ha ! ha ! ha !) plutôt que des bruits plus confus comme chez les singes, il se fait entendre pendant qu'on expire, alors que, chez le gorille, on l'entend quand le gorille expire, mais aussi quand il inspire, etc. Pourtant, ils ont fait une autre analyse assez remarquable. Ils ont classé les espèces de primates (hommes inclus) en fonction de la ressemblance de leur rire. Schématiquement, on considère deux espèces comme d'autant plus proches que leur rire se ressemble plus, ce qui permet de construire un véritable arbre généalogique des espèces.

Cet arbre généalogique fondé sur la ressemblance du rire, qu'a-t-il à voir avec le véritable arbre généalogique des espèces, fondé sur la génétique ?

Ce qui est remarquable, c'est que ces arbres sont identiques. Autrement dit, on peut supposer que notre ancêtre commun avec les autres grands singes, ancêtre qui vivait il y a 10 à 15 millions d'années, disposait, dans sa panoplie d'expressions émotionnelles, d'une sorte de rire. Ensuite, au cours des millions d'années écoulées depuis lors, les espèces de grands singes se sont diversifiées génétiquement. Une des manifestations de cette divergence des espèces a été que leur manière de rire s'est modifiée et diversifiée. Le seul examen du rire donne une sorte de fenêtre sur ces 10 ou 15 millions d'années d'évolution.

Admettons que les singes rient. Il faudrait donc dire : « Le rire est le propre des singes (dont l'homme) » ?

Je crains que non... En effet, certains sont allés chercher des équivalents du rire beaucoup plus loin de nous dans l'arbre de l'évolution. Récemment, des spécialistes du comportement animal ont suggéré que les rats rient, notamment quand ils jouent les uns avec les autres. Il est difficile de s'en rendre compte, parce que les rats ont une petite voix extrêmement aiguë et qu'ils rient en ultrasons. On peut facilement trouver sur Internet des vidéos dans lesquelles on voit un chercheur qui joue avec un rat et le chatouille. La chose étonnante est qu'on entend les éclats de rire du rat – qu'on a rendus audibles en les rendant artificiellement beaucoup plus graves qu'ils ne le sont en réalité.

Admettons que ce soit une sorte d'équivalent du rire humain… Chez nous, le rire est tout de même provoqué par des choses plus sophistiquées que des chatouilles et des galipettes !

En effet, mais quand le rire apparaît chez le bébé (l'imitation du sourire apparaît vers l'âge de 1 mois et le rire vers 4 mois), il est provoqué par des interactions assez simples : on fait coucou au bébé, on joue avec lui. À cet âge, un bébé n'est certes pas comme un rat, mais il ne comprend rien à ce que les adultes appellent l'humour ! Ensuite, en grandissant, des idées de plus en plus abstraites vont pouvoir nous mettre en joie, comme la compréhension d'une histoire drôle. Et cette joie « intellectuelle » va réutiliser pour s'exprimer le très ancien système du rire.

Pour revenir à Rabelais, le rire n'est donc pas le propre de l'homme ?

En effet, comme le pensait Darwin, nous avons hérité de nos lointains ancêtres cette manière de communiquer en société. En revanche, ce qui, jusqu'à preuve du contraire, est le propre de l'homme, c'est l'humour le plus subtil et les sentiments les plus élaborés qui peuvent, chez nous mais sans doute pas chez les autres animaux, déclencher un éclat de rire.

6.

Ponce Pilate et les neurosciences

Le lavage des mains est évidemment un geste de base de l'hygiène individuelle et collective, mais ce dont nous allons discuter, ce n'est pas d'hygiène bactériologique, mais d'hygiène morale.

Vous connaissez l'histoire de Lady Macbeth, qui après avoir trempé dans l'assassinat du roi d'Écosse, est décrite par Shakespeare dans une scène de somnambulisme, essayant en vain de se laver les mains de traces de sang imaginaires, pour se libérer de sa culpabilité. Plus généralement, nous aspirons à avoir une bonne image morale de nous-mêmes, et beaucoup de religions utilisent des rites de lustration, c'est-à-dire de lavage physique, d'immersion dans l'eau, de baptême, pour obtenir une purification morale.

Si je me souviens bien, les choses finissent mal pour Lady Macbeth ?

En effet, puisqu'elle se suicide dans les coulisses à la fin de la pièce. En revanche, il y a des études expérimentales très sérieuses qui ont étudié les effets moraux réels du lavage des mains. Par exemple, des chercheurs se sont demandé récemment si, quand on se sent moralement douteux, on cherche la propreté physique.

Comment ont-ils procédé ?

Ils ont demandé à des sujets de raconter une action qu'ils avaient réellement commise dans le passé. La moitié des sujets devaient raconter une bonne action, et l'autre moitié une action moralement répréhensible, honteuse. Ensuite, ils ont montré à leurs sujets des mots dont quelques lettres avaient été supprimées, comme dans l'illustration, en leur demandant de compléter les lettres manquantes (figure 29). Il y a toujours plusieurs solutions, dont une qui a à voir avec la propreté et la toilette. Ce qu'ils ont montré, c'est que les sujets qui venaient de raconter un fait peu reluisant de leur passé complétaient

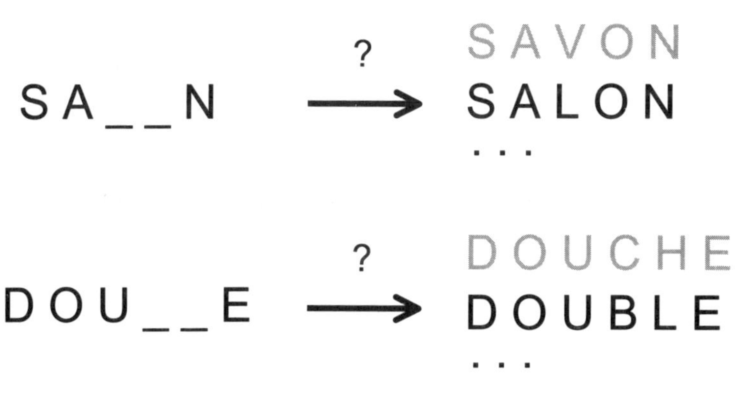

Figure 29 : Si, pour compléter ces mots à trou, vous choisissez SAVON et DOUCHE, c'est peut-être que vous avez quelque chose à vous reprocher...

les mots à trous en donnant beaucoup plus de termes hygiéniques (comme SAVON) que les sujets qui avaient raconté une bonne action, comme si le simple fait de se sentir « moralement sale » donnait envie de propreté physique.

Est-on vraiment certain que c'est à cause de l'idée abstraite de propreté à laquelle ils sont associés que les mots comme « savon » sont choisis ?

En effet, on peut se poser la question, c'est pourquoi, dans une autre expérience, ils ont demandé à leurs sujets, après qu'ils ont raconté leur bonne ou leur mauvaise action, de choisir un petit cadeau pour les remercier de leur participation à l'étude : un stylo ou une lingette désinfectante. Résultat : la lingette était plus souvent choisie par les sujets qui venaient de raconter une action honteuse que par ceux qui avaient raconté une bonne action. Cela confirme donc qu'il s'agit d'une véritable envie de se laver.

Mais le lavage des mains a-t-il une véritable efficacité morale ? A-t-on réellement l'impression d'être un brave type après s'être lavé les mains ?

Les mêmes chercheurs ont mis en place une troisième variante de leur expérience pour répondre précisément à cette question. Ils se sont intéressés uniquement aux sujets qui venaient de rappeler le souvenir d'une mauvaise action. On a demandé à la moitié d'entre eux seulement de se laver les mains, alors que l'autre moitié ne se lavait pas. Ensuite, on a demandé à tous de participer bénévolement à une autre étude, prétendument pour rendre service à un étudiant en grande difficulté afin de l'aider à terminer sa thèse de sciences dans les délais.

Et nos sujets acceptaient-ils de participer de façon bénévole à cette nouvelle expérience ?

Ceux qui venaient de se laver les mains acceptaient moins souvent de rendre service que ceux qui ne se les étaient pas lavées. Ils avaient rappelé une action honteuse, ils s'étaient lavé les mains, et ce faisant ils étaient déjà « en règle » avec eux-mêmes. Ils n'éprouvaient donc plus le besoin de rendre service pour se racheter. En revanche, ceux qui ne s'étaient pas lavé les mains se sentaient encore assez abjects et rendaient volontiers service, comme pour compenser leur sentiment de honte et se revaloriser à leurs propres yeux.

Tout cela repose donc sur une sorte d'équivalence entre la propreté morale et la propreté physique ?

Peut-être, mais il y a une autre explication possible, beaucoup plus générale, de l'effet psychologiquement bienfaisant de la toilette. Nous venons de voir qu'après vous être lavé les mains, vous êtes d'une certaine manière libéré du poids de vos méfaits passés. Au-delà, peut-être le lavage des mains efface-t-il le poids de *tous* nos actes passés, et pas seulement de nos mauvaises actions. Une étude très récente, parue elle aussi dans la revue *Science*, a essayé de répondre à cette question subtile.

Comment ont-ils fait cela ?

Nous n'avons pas le loisir d'entrer dans les détails donc je caricature passablement cette étude, mais l'idée est là : ils ont fait croire à leurs sujets qu'ils participaient à un panel de consommateurs pour aider un industriel à choisir le plus appétissant parmi quatre modèles de pots de confiture. Après cela, on les a fait participer à un second panel de consommateurs, bidon lui aussi, portant cette fois sur des lingettes pour les mains. La moitié des sujets devait juger ces lingettes seulement d'après l'emballage, et l'autre moitié

Figure 30 : Le plus célèbre lavage de mains de la culture occidentale (Ponce Pilate, gravure d'Albrecht Dürer).

devait vraiment les essayer et se laver les mains avec. Enfin, dernière étape, on a de nouveau présenté les pots de confiture de la première étude, en demandant aux sujets de les classer du plus appétissant au moins appétissant.

Donc, en résumé, vous classez des pots de confiture, puis soit vous vous lavez les mains, soit vous ne vous les lavez pas, puis enfin vous reclassez les pots de confiture par ordre de préférence. Et qu'est-ce qu'on peut bien mesurer de cette façon ?

Nous avons une tendance naturelle à être cohérents avec nous-mêmes, à nous en tenir à nos choix passés, à nous dire : « Si, tout à l'heure, j'ai jugé que la confiture dans le pot rouge à bouchon vert avait l'air meilleure, je vais répondre la même chose maintenant, même si je n'ai pas tellement de raisons de choisir l'une plus que l'autre. » Et c'est ce qui se passait avec les sujets qui ne s'étaient pas lavé les mains entre-temps : leur manière de classer les confitures était semblable la première et la seconde fois. En revanche, les sujets qui avaient utilisé les lingettes désinfectantes entre les deux classements de pots de confiture se donnaient la liberté de changer assez souvent de préférence.

Moralité ?

L'idée est qu'une simple toilette crée une distance par rapport à nos actes passés et nous dispense (dans une certaine mesure) d'avoir à les justifier et à en rendre compte. Nous nous en lavons les mains, aux sens tout à la fois propre et figuré (figure 30) !

IV.

HISTOIRES DE VOIR

1.

Le lapin-canard et l'invisible dalmatien

Après avoir discuté de sujets bien graves, la justice, le bien et le mal, nous allons pénétrer dans un monde d'illusion et de mystère...

Nous allons en effet nous intéresser à quelques bonnes vieilles illusions d'optique, mais pour essayer de comprendre quelque chose d'extrêmement important sur la manière dont fonctionne notre cerveau. Lançons-nous avec une première grande question : « voir quelque chose », par exemple un stylo qui est devant nous, qu'est-ce que cela signifie ? La réponse est que « voir », c'est en réalité imaginer, c'est-à-dire créer dans son cerveau une image de stylo. Cette image de stylo, on peut évidemment la former parce qu'il y en a vraiment un devant nous. Mais on peut aussi voir un stylo, les yeux fermés, juste en faisant surgir l'image de nos souvenirs, de notre imagination.

Donc il n'y aurait pas de différence entre voir un stylo et l'imaginer ?

En effet, c'est à peu près la même chose. Lorsqu'on *voit* quelque chose, il s'agit toujours d'un mélange, d'une combinaison de ce qu'on imagine, c'est-à-dire de ce qu'on s'attend à voir, et de l'information que nos yeux nous apportent effectivement en provenance du monde extérieur.

Tout cela est assez vague… Prenons un exemple concret.

Le travail de notre système visuel, depuis les yeux jusqu'au cerveau, c'est de nous donner une idée du monde extérieur. Il s'agit de savoir quels sont les objets qui nous entourent (une table, un nuage, un chien, etc.), et de savoir où ils se trouvent par rapport à nous (loin ou près, à droite ou à gauche, etc.). Pour ce faire, notre cerveau utilise toute l'information disponible, tirée tout à la fois de ce que nos yeux nous apprennent et de ce que nous savons déjà de la manière dont fonctionne le monde. Ainsi, nous parvenons à construire une hypothèse sur ce qui, dans le monde qui nous entoure, est à l'origine de la lumière qui entre par nos yeux. Par exemple, lorsque je vois ce stylo, cela signifie que mon cerveau est en train de se dire : « Tous ces rayons lumineux que je reçois, je parie qu'ils viennent d'un stylo noir » !

Poussons l'exemple plus loin. Sur quoi vous fondez-vous pour faire l'hypothèse triviale que cet objet est un stylo noir ?

Ne vous moquez pas de moi ! Je me fonde sur deux arguments différents. D'abord, j'avais une idée préconçue.

Avant même de le placer sur la table et de le voir, j'ai tripoté le stylo dans ma poche, et je me suis dit : « Il me semble que c'est le stylo noir que j'ai volé à l'hôpital ce matin. » Ensuite, j'ai jeté un coup d'œil rapide, et le peu que j'ai vu, le bout du capuchon, a suffi à me confirmer que c'était bien le stylo noir auquel je pensais. L'idée générale est simple : ce que nous voyons est une sorte de combinaison d'une image de ce que nous nous attendons à voir, et de l'information qui entre par nos yeux, et qui nous permet de confirmer ou de rectifier cette hypothèse faite *a priori*.

À quoi cela sert-il d'avoir une idée *a priori* de ce que nous allons voir ? Ne vaudrait-il pas mieux simplement croire ce que nous disent nos yeux et ne pas prendre nos désirs pour des réalités ?

Les illusions d'optique peuvent nous aider à mieux répondre à cette question importante. En un mot, les illusions montrent justement que ce que nous voyons est fortement contaminé par des *a priori* de toutes sortes. Elles montrent aussi que ces *a priori* ont en général une raison d'être profonde et sont d'une grande utilité.

Comme je le suggérais, voir et imaginer, c'est presque la même chose. J'ai les yeux ouverts et je vous vois. Maintenant j'ai les yeux fermés, et je vous vois toujours. En imagination, certes, mais cela ne fait pas beaucoup de différence. Dans les deux cas, mon cerveau se fait une image de ce que j'ai en face de moi. La nature de cette image est la même qu'elle soit sortie de ma mémoire ou de mon imagination, ou qu'elle soit fondée sur ce que j'ai effectivement sous les yeux. C'est bien là-dessus que je voudrais insister : tout ce que nous voyons est en réalité un mélange inextricable de ce que nous nous attendons à voir, de notre imagination si vous préférez, et de ce qui est vraiment là.

Prenons un exemple plus concret…

Je vous préviens que vous allez voir une tête de lapin avec les oreilles qui pointent à gauche. Maintenant, regarder l'illustration ci-dessous (figure 31) et vous constaterez qu'il s'agit bien du lapin annoncé. Vous *voyez* le lapin. Pourtant cette image est ambiguë. Si au lieu de vous annoncer un lapin, je vous avais annoncé que vous alliez voir une tête de canard avec le bec à gauche, vous auriez vu le canard et pas le lapin. Autrement dit, ce que vous voyez, c'est évidemment ce que vous avez sous les yeux, mais influencé, interprété en fonction de ce que vous attendiez, de ce que vous imaginiez à l'avance.

Figure 31 : Un lapin ou un canard ? Une figure ambiguë concue par le psychologue Joseph Jastrow en 1899.

Si vous ne nous aviez rien annoncé du tout, nous aurions tout de même reconnu sans mal le lapin ou le canard ! Notre attente a un peu orienté notre perception, mais elle n'était pas vraiment indispensable pour déchiffrer l'image !

Certes, mais même si vous n'étiez averti de rien, vous auriez sans doute eu un *a priori* implicite (et assez vague) du genre : « Je vais voir un dessin qui représente quelque chose qui existe. » Cela vous a aidé à identifier un animal, alors qu'à y regarder de plus près, le dessin est très approximatif et ne ressemble pas tant que ça à un vrai lapin ou à un vrai canard. Autrement dit, vous avez vu les choses que vous connaissiez déjà *a priori* (canard ou lapin) et qui se trouvent être les plus compatibles avec les informations fournies par vos yeux. Dans l'illusion du canard-lapin ambigu, la suggestion que je vous ai faite à l'avance (annonçant un lapin ou un canard) a biaisé cet *a priori* dans un sens ou dans l'autre. Donc à nouveau un mélange d'*a priori* et d'information venue de l'extérieur.

Existe-t-il des illusions dans lesquelles il est totalement impossible de reconnaître quoi que ce soit si on n'a pas les bons *a priori* ?

Absolument. Voici un exemple classique, mais très frappant de l'importance cruciale des *a priori* dans la vision. La plupart des gens, devant la figure 32, ne voient absolument pas de quoi il s'agit. À la longue, vous allez peut-être y arriver, mais c'est extrêmement difficile. Maintenant, je vais vous aider à vous y retrouver. Allez voir l'image qui se trouve à la fin du chapitre (figure 34). Cette image représente un chien dalmatien en train de flairer le sol.

Maintenant, si on revient à l'image de départ, vous allez très facilement voir, réellement voir, le chien qui tout à l'heure était invisible. Cette fois, ce que vous attendez, l'image du chien qui se trouve dans votre mémoire, a un impact énorme sur ce que vous percevez.

Toutefois, le lapin, le canard, le dalmatien sont des exemples un peu élémentaires. Il existe des *a priori* beaucoup plus subtils, cachés et importants, qui guident notre perception.

Figure 32: Sans connaissances *a priori*, il est bien difficile de voir ce que représente cette image.

Un exemple ?

Sur la figure 33, vous voyez une sorte de planche avec des petits creux. Pourquoi est-ce que je vois des creux, alors que la feuille est évidemment plate ? C'est à cause des ombres sur le haut des ronds. Ceux-ci apparaissent exactement comme des creux éclairés d'en haut. Si maintenant vous retournez le livre de 180 °, vous verrez cette fois une planche mais avec des bosses, parce que les ombres sur les cercles leur donnent l'aspect de petites bosses éclairées par en haut.

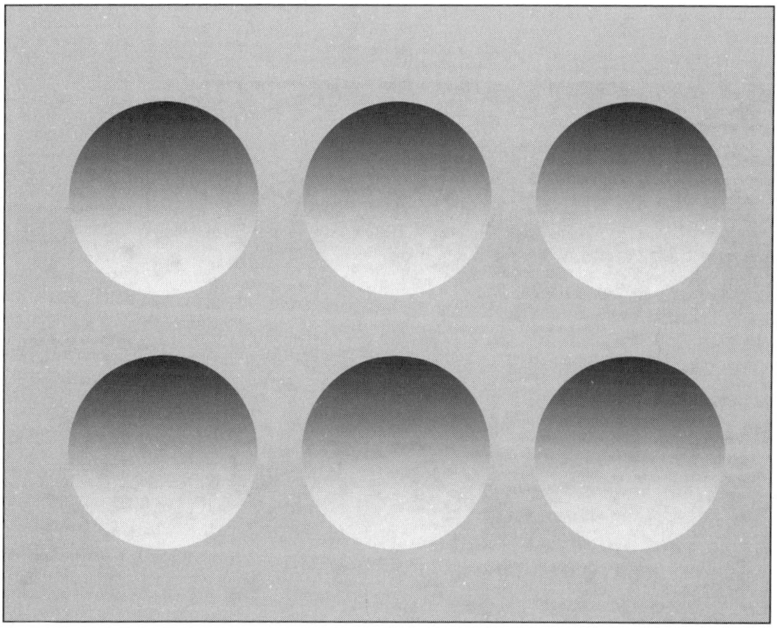

Figure 33 : Nous voyons des creux et non des bosses, parce que nous savons *a priori* que la lumière vient d'en haut. Retournez la page pour inverser le relief.

Donc, si je comprends bien, nous interprétons automatiquement les ombres comme provenant d'une source de lumière située en haut ?

Exactement. C'est là que je voulais en venir : l'espèce humaine est le produit de millions d'années d'évolution sur la planète Terre. Et, sur la Terre, la principale source de lumière, c'est le Soleil, qui est toujours au-dessus de nous ! Nous avons donc hérité d'un système visuel qui *a priori* considère que la lumière vient d'en haut. C'est pourquoi nous interprétons les petits ronds tantôt comme des creux, tantôt comme des bosses... Ceci dit, je m'avance peut-être en affirmant que cette connaissance *a priori* de

Figure 34 : Une fois repéré, le dalmatien est immédiatement visible dans la figure précédente.

la position élevée de la source de lumière est innée. Il est possible que les enfants l'apprennent après leur naissance. En tout cas, on sait qu'à l'âge de 5 mois, les bébés – les bébés humains comme les bébés chimpanzés – interprètent les creux et les bosses en fonction des ombres de la même manière que les adultes. On le sait parce que, spontanément, ils essayent d'attraper ce qui semble être en relief plutôt que ce qui semble être en creux. Ce qui nous ramène à la morale du jour : ce que nous voyons, c'est la combinaison de ce que nous nous attendons à voir et de ce qui est là. Et ce que nous nous attendons à voir peut être quelque chose de très précis, comme le dalmatien tout à l'heure, ou quelque chose de beaucoup plus général, comme tout un monde éclairé par en haut !

2.

BA + GA = DA, ou l'effet McGurk

Vous nous avez dit dans le chapitre précédent que notre vue sert à nous forger une représentation du monde qui nous entoure. Évidemment, cela s'applique non seulement à la vue, mais à tous nos autres sens – l'olfaction, l'audition, le toucher… À vrai dire, la frontière est-elle si étanche que cela entre les sens, entre la vue et l'audition par exemple ?

Non, en effet, les deux se mélangent étroitement dans le cerveau et collaborent pour parvenir à l'image la plus juste possible du monde extérieur. Ce lien, et plus précisément l'influence de la vision sur l'audition, est bien illustré par une illusion qu'a découverte le psychologue Harry McGurk, et qui est connue depuis lors sous le nom d'« effet McGurk ». La découverte est d'ailleurs due au pur hasard. McGurk travaillait alors sur la perception de la parole par les jeunes enfants. Pour les besoins d'une expérience, un technicien a préparé une vidéo combinant les images d'un visage de femme en train de prononcer la syllabe GA avec la bande-son de la même femme en train de prononcer la syllabe BA. McGurk, en vérifiant ces vidéos, eut l'impression bien nette qu'il s'agissait simplement d'une femme en train de prononcer la syllabe DA, et il ne se gêna pas pour remonter les bretelles du technicien… avant de s'apercevoir que celui-ci avait parfaitement bien fait son travail ! Ainsi fut découverte une puissante illusion perceptive.

Expliquez-nous cela plus en détail.

On peut facilement trouver sur Internet des vidéos illustrant l'effet McGurk. Typiquement, vous voyez quelqu'un qui prononce DA DA DA. Ce qui est spectaculaire, c'est que si vous écoutez cette même vidéo en gardant les yeux fermés, vous entendez non pas DA DA DA, mais BA BA BA. Or vous avez en réalité entendu deux fois le même film !

Pourquoi entend-on DA quand on regarde le film, et BA quand on ne le regarde pas ?

Comme je vous le disais, l'image vidéo est celle de la syllabe GA, mais la bande-son est celle de la syllabe BA. On vous fait donc voir GA et entendre BA, et ce que vous percevez, c'est DA, qui est exactement intermédiaire entre ces deux sons.

Et en quoi DA est-il intermédiaire entre BA et GA ?

Les sons B, D et G sont tous les trois produits en bloquant, puis en relâchant soudainement le passage de l'air avec votre bouche (figure 35). La différence entre les trois

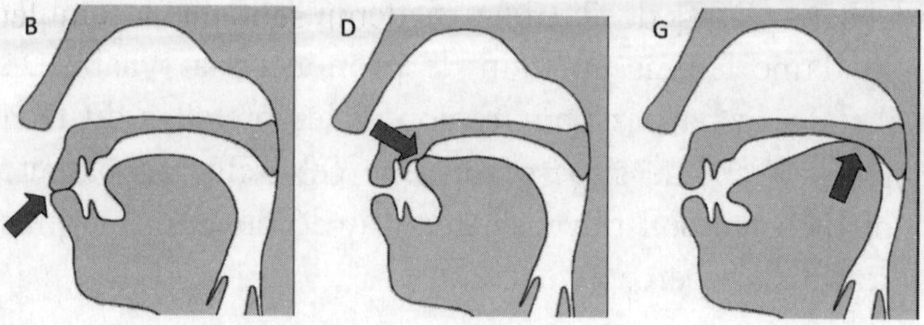

Figure 35 : Les sons BA, DA et GA sont articulés respectivement à l'avant, au milieu et à l'arrière de la bouche. Si un BA entre dans vos oreilles et qu'un GA surgit devant vos yeux, vous percevrez le son intermédiaire, c'est-à-dire DA.

sons tient uniquement à l'endroit de la bouche où se produit ce blocage. Le son B est articulé avec les lèvres, c'est-à-dire tout à l'avant de la bouche. Le G est articulé avec la gorge, tout à l'arrière de la bouche. Quant au D, le blocage se fait entre la langue et le palais, c'est-à-dire à mi-chemin entre B et G ! C'est en ce sens que je vous ai dit qu'il était intermédiaire. Par conséquent, vos oreilles ont reçu BA (articulé en avant), alors même que vos yeux ont reçu le film de GA (articulé en avant). Votre cerveau a interprété cette contradiction en faisant la moyenne des deux, et vous a fait percevoir la syllabe intermédiaire, c'est-à-dire DA. Naturellement, quand vous fermez les yeux, vous entendez BA.

Ce qui est remarquable, c'est que même une fois qu'on connaît cette explication, on n'échappe pas à l'illusion !

En effet, l'effet est automatique et complètement irrépressible. D'ailleurs, cet effet McGurk est déjà présent chez des bébés âgés de 4 mois et demi seulement. On leur montre de façon répétée un film trafiqué comme celui que nous avons évoqué. Au début, ils sont intéressés et regardent le film. À la longue, leur intérêt décroît, et ils détournent leur regard de l'image. Juste à ce moment, on change de film, et on leur montre la vidéo d'un « DA normal », où le son et l'image correspondent tous les deux à la même syllabe, DA. Or ce changement ne réveille absolument pas leur intérêt. Pour eux, il n'y a donc pas de différence entre le DA illusoire et un vrai DA. En revanche si, au moment où les bébés se détournent, on passe un film qui à la fois montre et fait entendre un « BA normal », ils recommencent aussitôt à regarder avec intérêt, parce qu'ils ont perçu un changement.

Sait-on quelles sont les régions du cerveau qui « mixent » le son et l'image ?

Il y a une région qui est probablement importante pour cela : le sillon temporal supérieur (figure 36). C'est une région qui est à la fois activée quand nous entendons des sons et quand nous voyons des images, une région où convergent la vision et l'audition, et qui est donc un bon candidat pour une fusion entre modalités comme dans l'effet McGurk. D'ailleurs, une étude est récemment parue, qui démontre l'importance de cette région dans la fabrication de l'effet McGurk. Elle utilise pour cela une technique qui s'appelle la stimulation magnétique transcrânienne, ou TMS.

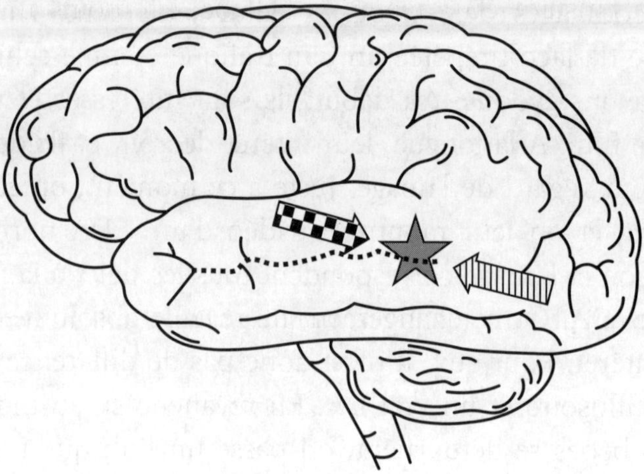

Figure 36 : Le sillon temporal supérieur (pointillé), aux frontières du cortex auditif (damiers) et du cortex visuel (rayures) est logiquement au cœur de l'effet McGurk, qu'on peut perturber en utilisant la stimulation magnétique transcrânienne (TMS) à l'endroit stratégique (étoile).

Comment fonctionne la TMS ?

On applique sur la tête d'un sujet une bobine électrique, qui se présente un peu comme une poêle à frire au bout d'un câble. On fait passer dans cette bobine un courant électrique très bref et très intense, ce qui provoque indirectement une sorte de décharge électrique à l'intérieur du cerveau lui-même. Cela permet d'interférer avec les processus cérébraux qui se produisent à un endroit et à un instant relativement précis. En bref, les chercheurs ont montré à leurs sujets des films représentant l'effet McGurk et simultanément envoyé une décharge de TMS. Le principal résultat, c'est que lorsqu'on place la bobine en regard du sillon temporal supérieur et qu'on envoie une décharge juste à l'instant où apparaît la syllabe, au moins une fois sur deux les sujets ne sont plus sensibles à l'effet McGurk. Quand BA entre dans leurs oreilles et que GA est devant leurs yeux, ils entendent effectivement BA et ne fabriquent pas le DA illusoire.

Ce qui tend à prouver que la mixture de l'image GA et du son BA qui aboutit à la perception d'un DA se fait à cet instant et dans cette région.

En effet. Pour finir, je voudrais vous faire remarquer que cet effet McGurk illustre quelque chose de très profond et d'assez subtil sur le fonctionnement du cerveau. La raison d'être de nos systèmes perceptifs (la vue, le toucher, l'audition...) est de nous proposer de bonnes hypothèses sur ce qui se passe dans le monde qui nous entoure, pas de nous faire savoir exactement ce qui se passe sur nos rétines ou au fond de nos oreilles. Par exemple, dans le cas de la parole, lorsque quelqu'un s'adresse à moi, la question utile est : « Quel mot est-il en train de prononcer ? », et pas : « Quelles sont les vibrations qui parviennent jusqu'à mes oreilles ? » Et, pour répondre à cette question, notre cerveau fait feu de tout bois et nous dit : « Compte tenu des mouvements de sa bouche et compte tenu des sons émis, le plus probable est qu'il est en train de prononcer la syllabe DA. » Et comment notre cerveau nous fait-il connaître cette hypothèse ? Simplement en nous faisant percevoir ce son DA qu'il a construit de toutes pièces.

3.

Une main en caoutchouc

Je vois que vous avez apporté un gant de vaisselle en caoutchouc rose… Comment cet ustensile va-t-il nous permettre de pénétrer les mystères du cerveau ?

À gauche, ma vraie main, à droite, un gant en caoutchouc. Il n'y a aucun doute. Un aspect très important de mon sentiment d'être quelqu'un, de ma conscience de moi-même, c'est la sensation de posséder un corps dont je connais bien les limites, et dont je sais ce qui en fait partie (cette main) et ce qui n'en fait pas partie (*votre* main ou ce gant). Cette distinction entre le corps et le reste du monde n'est pas le propre de l'homme. C'est pour cela qu'un animal ne va pas manger sa propre patte, alors qu'il ne va pas hésiter à dévorer un morceau d'un autre animal.

Je suis d'accord, les limites de notre corps sont une évidence. Et le gant en caoutchouc ?

Ce gant en caoutchouc va vous montrer que cette perception des limites de notre corps, qui semble une évidence, est en réalité assez fragile. Voici une petite expérience à réaliser dans votre salon (figure 37). Mettez votre main sous la table, gardez-la bien immobile. Pendant ce temps, je place le gant sur la table, juste au-dessus de l'endroit où se trouve votre main. Vous devez regarder attentivement le gant. Maintenant, je commence à caresser votre main et le gant simultanément, exactement de la même manière. Je touche simultanément le pouce du gant et le pouce de votre main, le dos du gant et le dos de votre main, et je continue comme cela pendant 15 secondes. Rapidement, vous aurez la sensation très forte et très étrange que le gant est en fait votre main, que vous sentez physiquement le contact de ma main sur le gant. Le gant fait partie de votre image corporelle. !

Figure 37 : Au bout de quelques instants de stimulation tactile et visuelle simultanée, vous avez la sensation que le gant est réellement votre propre main !

Et comment se fait-il qu'on puisse en quelques secondes s'approprier un simple objet comme ce gant, en faire une partie de nous ?

En temps normal, quand vous voyez quelque chose s'approcher de votre corps et le toucher, vous ressentez le contact exactement à l'endroit où vos yeux vous disent qu'il se produit. Ce que vous voyez et ce que vous sentez coïncident exactement. Pendant l'expérience du gant, quand je touche l'index, votre cerveau le sent et se dit : « On me touche l'index », et de façon parfaitement simultanée, il voit qu'on touche l'index du gant. Et parce que les deux sensations, la visuelle et la tactile, sont parfaitement simultanées, elles sont intégrées l'une à l'autre comme un seul événement. La seule interprétation cohérente de cet événement, c'est que l'index du gant n'est autre que votre index à vous.

Si j'ai la sensation que le gant en caoutchouc est ma propre main, cela devrait avoir des conséquences sur ma manière de me comporter vis-à-vis de ce gant, n'est-ce pas ?

En effet, il y a plusieurs exemples qui montrent que la fausse main est « vraiment » intégrée au schéma corporel, à l'image qu'on a de soi. Par exemple, pendant que vous avez cette illusion, si je vous demande de fermer les yeux et de montrer votre main avec l'autre, ce n'est pas votre vraie main que vous allez désigner, mais le gant. Et puis vous tenez à votre nouvelle main, vous ne voulez pas qu'il lui arrive malheur ! Si on menace de piquer avec une aiguille votre fausse main, vous aurez peur et vous aurez envie de la retirer. On a montré que quand la fausse main est menacée, ce sont exactement les mêmes régions du cerveau qui s'allument que si on menace une vraie main. Certaines de ces régions correspondent au sentiment de peur, et d'autres s'activent pour préparer un mouvement de retrait.

Mais est-ce que cette nouvelle main remplace la vraie main dans l'image du corps, ou bien est-ce que le cerveau croit alors qu'on a… trois mains au lieu de deux, les vraies plus la main en caoutchouc ?

Pendant que vous avez l'illusion que le gant est votre main, on a montré que la température de votre vraie main baisse. D'une certaine manière, le cerveau abandonne votre vraie main hors de l'image du corps et ne s'occupe plus d'en régler normalement la température, il la laisse se refroidir.

Ce que montre cette illusion de la main en caoutchouc, c'est que la conscience de ce qui appartient à notre corps ou pas est quelque chose de relativement fragile, et qu'on peut assez facilement tromper notre cerveau. On peut donc s'attendre à ce que des maladies du cerveau puissent bouleverser cette image de notre corps. En effet, certaines anomalies cérébrales produisent des effets qui rappellent l'illusion de la main en caoutchouc. Par exemple, certains patients qui sont hémiplégiques, paralysés de la moitié gauche du corps à la suite d'une lésion de leur hémisphère droit, croient que cette moitié de leur corps ne leur appartient purement et simplement pas. Je me souviens d'une patiente dont j'ai pris la main gauche paralysée et la lui ai montrée, en lui demandant si c'était sa main. Elle m'a aussitôt répondu que cette main n'était pas à elle, mais à moi. Elle l'a d'ailleurs empoignée avec sa main droite en me menaçant : « Je vais vous casser les doigts ! » Il y a des patients qui, en découvrant la moitié gauche de leur corps, inerte, se plaignent qu'on a installé quelqu'un d'autre à côté d'eux dans leur lit : un collègue m'a parlé d'un patient qui avait, paraît-il, écrit au directeur de l'hôpital pour se plaindre de l'humour douteux du personnel qui avait introduit un cadavre dans son lit…

Il ne reste plus à nos lecteurs qu'à prendre une paire de gants et à essayer l'illusion de la main en caoutchouc. Un truc : cela fonctionne d'autant mieux qu'on utilise comme main en caoutchouc quelque chose qui ressemble plus à une vraie main.

4.

Échange de visages

Nous connaissons notre propre corps. Normalement, nous savons faire la distinction entre ce qui en fait partie et ce qui n'en fait pas partie. Je sais que cette main est à moi, mais que celle-ci est à vous. Nous sommes familiers avec l'aspect de notre corps. Quand je me regarde dans un miroir, je reconnais que le visage que je vois est bien le mien.

Cette représentation que nous avons de nous-même est-elle fixée ou peut-elle changer avec le temps ?

Il faut absolument qu'elle change avec le temps. Par exemple, au fur et à mesure que nous vieillissons, nous nous habituons (plus ou moins facilement !) au vieillissement de notre visage. L'image que nous en avons se met donc à jour au fur et à mesure qu'il change. Il y a aussi des « trucs » pour manipuler l'image du corps. Comme nous l'avons vu au chapitre précédent, on peut provoquer l'impression qu'une main en caoutchouc ou même qu'un simple gant posé sur la table est en fait votre propre main.

Restons sur la question du visage. L'image que l'on a de sa propre figure peut-elle être manipulée ?

Une étude assez curieuse est parue récemment sur ce sujet. De façon un peu caricaturale, comment faire croire à quelqu'un qu'il ressemble à quelqu'un d'autre ? En pratique, c'est assez simple. On assoit face à face deux personnes, deux hommes ou deux femmes. Pendant qu'ils se regardent bien en face, l'expérimentateur, muni de deux pinceaux, leur chatouille le visage, exactement de la même manière, de façon synchronisée. Ainsi les sujets voient le pinceau toucher le visage qui leur fait face, et exactement au même instant ils sentent le chatouillis sur leur propre visage. Ils voient le pinceau se poser sur la joue qui leur fait face, mais ils le sentent sur leur propre joue. C'est l'exact équivalent de l'illusion de la main en caoutchouc. D'une certaine manière, cela donne l'impression que le visage d'en face est un peu le leur.

Vous voulez dire que vos sujets s'approprient le visage qui est en face d'eux, et que cela modifie l'image qu'ils ont de leur propre visage ?

Exactement. Plus précisément, cette procédure vous donne l'impression de ressembler au visage qui vous fait face.

Et, dans l'étude dont vous parlez, comment ont-ils pu mesurer cela objectivement ?

C'est assez rusé. Ils ont fait du *morphing*, c'est-à-dire qu'ils ont mélangé informatiquement des photos des deux sujets qui se font face, de façon à avoir tous les intermédiaires : des images composées de 10 % de l'un et 90 % de l'autre, 20 % de l'un et 80 % de l'autre, etc. Après la séance de chatouilles, ils ont présenté à leurs sujets ces photos trafiquées, en leur demandant de dire chaque fois si la photo ressemblait plutôt à eux-mêmes ou plutôt à la personne qui leur avait fait face pendant la séance de chatouilles.

Et comment les sujets de l'expérience jugeaient-ils ces photos ?

Normalement, quand on vous présente une image composée à 40 % de votre visage et à 60 % du visage de quelqu'un d'autre, vous trouvez que cette image ressemble à l'autre plutôt qu'à vous. En revanche, après la procédure de chatouilles, les sujets trouvent que ces visages, qui pourtant contiennent 60 % de quelqu'un d'autre, leur ressemblent plus à eux-mêmes. Autrement dit, ces sujets se font maintenant de leur propre visage une image qui ressemble un peu au visage de leur vis-à-vis.

Tout le monde est-il aussi sensible à cet effet, ou bien certaines personnes ont-elles une image d'elles-mêmes plus malléable, plus facile à modifier ?

Cet effet, cette tendance à incorporer le visage d'autrui à l'idée qu'on se fait de son propre visage, est plus importante chez les gens qui sont, par caractère, plus empathiques, qui ont plus tendance à se mettre à la place des autres. C'est ce qui a été mesuré dans cette même étude, à l'aide de questionnaires de personnalité. Par ailleurs, et ce n'est peut-être pas surprenant, nous avons plus tendance à nous embellir qu'à nous enlaidir. Dans cette même étude, on a montré que, plus le visage du vis-à-vis était beau, plus vous allez modifier l'idée que vous vous faites de votre propre visage, pour vous attribuer les traits de cet autre visage. En résumé, grâce à cette technique de chatouillis synchronisés, on peut modifier légèrement l'image que nous avons de notre propre visage, pour la faire ressembler au visage qui nous fait face.

Pour terminer sur une note plus médicale, y a-t-il des pathologies qui portent atteinte à l'idée que nous nous faisons de notre propre visage ?

Oui, c'est ce qu'on appelle la « dysmorphophobie ». C'est la conviction, sans rapport avec la réalité, que telle ou telle partie de corps est horrible, difforme. Et le visage est de loin la partie du corps sur laquelle se portent le plus souvent ces idées : le nez, la qualité de la peau, les cheveux sont les victimes les plus fréquentes de la dysmorphophobie. Je me souviens de jolies jeunes filles dont la vie sociale était ruinée et l'état moral ravagé par la conviction d'avoir un nez difforme, ou la peau trop foncée, et qui de ce fait n'osaient pas se montrer en public. On ne connaît pas bien les mécanismes de ces désordres, mais tout ce que je vous ai raconté montre combien l'image que nous avons de nous-même n'est évidemment pas une photo fidèle de la réalité, mais une construction délicate, évolutive et fragile.

5.

Sortie du corps et voyage astral

Dans ce chapitre, nous serons un peu philosophes et nous nous attaquerons à une question très simple, en toute modestie : qui sommes-nous ?

Si je me demande qui je suis, je peux me dire que j'ai un nom, une histoire, des souvenirs, des sentiments, des connaissances, et que tout ça, c'est moi. Mais, avant même cet inventaire, j'ai le sentiment évident que mon esprit, ma conscience, moi sommes installés à l'intérieur d'un corps. Et ce corps lui-même occupe un certain endroit dans l'espace. L'endroit où se trouve mon corps, et donc l'endroit où mon moi se trouve, je le connais par ce que tous mes sens m'apprennent : je me vois, j'ai aussi des informations qui viennent par l'intérieur, qu'on appelle proprioceptives, sur la position des articulations et des parties de mon corps même les yeux fermés, et je reçois aussi des informations de mon système vestibulaire, logé dans mes oreilles et qui me confirme que je suis en position verticale.

Bref, cette sensation qui a l'air absolument évidente que vous êtes dans vos baskets ici et maintenant serait en réalité une conclusion à laquelle votre cerveau parvient en exploitant toutes ces informations ?

Exactement. Et ces mécanismes, comme tout ce qui se passe dans le cerveau, peuvent tomber en panne. Parmi les impressions bizarres concernant notre propre corps qui peuvent faire suite à des lésions cérébrales, il y a par exemple l'impression d'avoir un troisième bras ou une troisième jambe, ou bien l'impression que la moitié de votre corps ne vous appartient pas mais appartient à votre voisin ou au docteur, ou l'impression qu'un bras coupé est toujours là, et j'en passe.

C'est épouvantable ! Y a-t-il des illusions de ce genre mais qui concernent l'ensemble du corps, pas juste une moitié, ou un bras ou une jambe ?

Oui. Il peut arriver qu'on ait l'impression d'être complètement ailleurs que dans son corps. C'est ce qu'on appelle une *out of body experience*, une illusion de sortie du corps. Je vais vous raconter une histoire : une patiente souffrait de crises d'épilepsie ; pour préciser l'origine de ces crises dans le cerveau, on a placé des électrodes à la surface de son hémisphère droit. Les médecins se sont alors aperçus qu'en stimulant électriquement, *via* une de ces électrodes, une région bien précise du lobe pariétal, la patiente avait soudain l'impression de flotter à 2 mètres au-dessus de son lit. Il lui semblait voir son propre corps allongé sur le lit 2 mètres plus bas. Chez une autre patiente, dans des circonstances similaires, les stimulations électriques lui donnaient la sensation que « quelqu'un », une sorte de fantôme, était présent, collé juste derrière elle, sans qu'elle le voie vraiment. Lorsqu'elle bougeait, le fantôme faisait exactement les mêmes mouvements qu'elle. Autrement dit, il s'agissait d'un double d'elle-même, mais d'un double que son esprit n'occupait pas.

On pourrait dire, par exemple dans le cas de la patiente qui flottait à 2 mètres au-dessus de son corps, que son âme se trouvait hors de son corps ?

C'est en tout cas l'interprétation naïve et magique qu'on pourrait donner de la situation. Disons plutôt que cette patiente avait l'impression, l'illusion, que son moi se trouvait hors de son corps. Mais il ne faut pas oublier que l'impression habituelle que notre moi se trouve dans notre tête est elle-même le produit de calculs faits par notre cerveau, et qu'en cas de « panne du cerveau », cette impression habituelle peut se trouver transformée en une impression un peu différente, anormale. On est naturellement tenté de prendre ce genre de phénomènes, tout comme les *near death experiences* – les impressions étranges qu'on peut ressentir aux approches de la mort –, comme des preuves que l'âme peut exister indépendamment du corps. En réalité, il s'agit seulement d'une modification pathologique de la sensation que nous avons de nous-même.

Cela doit vraiment être très curieux de faire ce voyage hors de son corps. Y a-t-il un moyen de ressentir cela sans souffrir d'épilepsie ni de schizophrénie, et sans absorber des produits bizarres ?

Oui, jusqu'à un certain point. La première astuce a été inventée par un psychologue américain du nom de George Malcolm Stratton (1865-1957), qui a testé sur lui-même, à la fin du XIXe siècle, un ingénieux dispositif formé d'un miroir placé au-dessus de sa tête, combiné à un autre miroir placé devant ses yeux (figure 38). Une fois le système en place, Stratton, en regardant devant lui, voyait

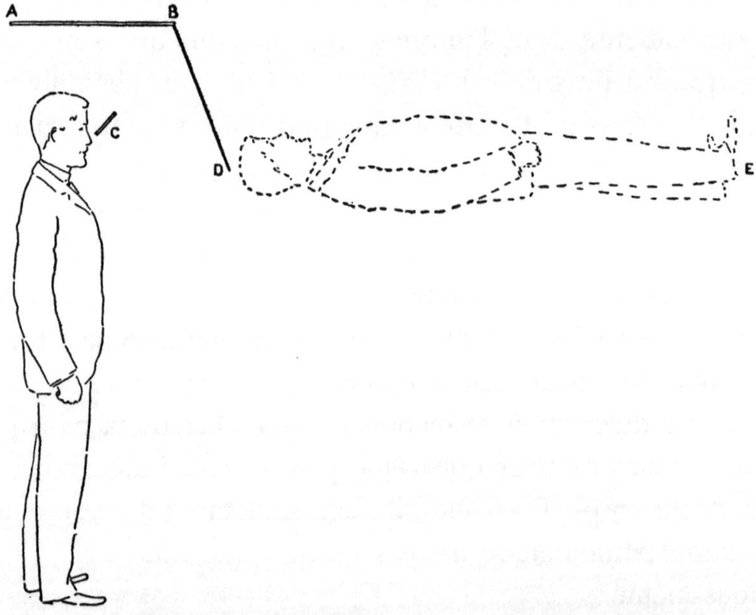

Figure 38 : En combinant deux miroirs, G. M. Stratton s'est donné l'illusion de se voir lui-même comme s'il se trouvait au-dessus de sa propre tête.

son propre corps comme s'il se trouvait lui-même au-dessus de sa propre tête. Et, pendant trois jours, il s'est promené en percevant le monde à travers ce système, se voyant lui-même d'au-dessus et horizontalement, au lieu de se voir comme d'habitude, à partir de la position des yeux et verticalement. Au bout de trois jours, il a fini par avoir l'impression que ce corps qu'il voyait horizontalement devant lui était bien son corps à lui. Quand il marchait, au moment où il sentait son pied droit toucher le sol, il avait l'impression que cette sensation venait du pied droit qu'il voyait, grâce à ses miroirs, loin devant lui, horizontalement.

Ce n'est pas très facile à imaginer mais, si je comprends bien, il a fini par avoir l'impression que son corps à lui était ce corps qu'il voyait devant lui grâce aux miroirs – un peu comme la patiente qui avait cette illusion de sortie du corps, cette impression de planer au-dessus de son lit ?

Exactement. Récemment, des chercheurs ont d'ailleurs repris l'expérience de Stratton, mais avec des moyens technologiques plus modernes. Vous êtes debout, je mets une caméra quelques mètres derrière vous, et je vous filme vu de derrière. Je vous fais voir cette image *via* des lunettes vidéo. Vous vous voyez donc de derrière, comme si vous étiez placé quelques mètres devant vous. Pour bien vous faire sentir que c'est vous que vous voyez, je vous caresse le dos avec un long pinceau, pinceau que vous voyez naturellement en train de caresser le dos de votre double devant vous. Précisément, quand vous sentez le contact sur votre omoplate gauche, vous voyez le pinceau toucher l'omoplate gauche de votre double devant vous. Résultat, vous avez l'impression que votre corps est là, devant vous et que vous vous voyez de l'extérieur !

Donc ?

La conviction que notre moi est indissociable du corps qui l'abrite, qui est la chose la plus évidente du monde, est le produit de la mécanique de notre cerveau. Que cette mécanique connaisse une panne ou bien qu'on la mette en défaut par des astuces expérimentales, et nous voici sortis de notre corps…

6.

Le cerveau des aveugles

On dit que, chez les aveugles, parce qu'ils sont privés de la vue, les autres sens, l'ouïe et le toucher en particulier, sont plus affûtés que chez ceux qui voient normalement. Est-ce une légende ou bien est-ce vrai ?

C'est globalement vrai. Prenons un exemple dans le domaine de l'audition, qui est la modalité qui a été la plus étudiée. On place cinq haut-parleurs proches les uns des autres, et on fait entendre une note, toujours la même, sortant au hasard de l'un ou l'autre de ces haut-parleurs. De temps en temps, la note habituelle est remplacée par une note différente. Ce que doivent faire les sujets de l'expérience, c'est détecter la note différente, mais uniquement quand elle vient d'un des cinq haut-parleurs, un haut-parleur bien précis qu'on leur a indiqué au début de l'expérience. Les sujets qui ne sont pas aveugles ont du mal à focaliser leur attention sur un haut-parleur en particulier, et répondent assez souvent quand le son vient d'un haut-parleur voisin. En revanche, les aveugles obtiennent de bien meilleurs résultats : ils parviennent à focaliser leur attention auditive sur un seul haut-parleur, c'est-à-dire sur une région spatiale beaucoup plus précise. Et cette supériorité ne concerne pas que la localisation des sons dans l'espace, mais aussi l'analyse des sons eux-mêmes. Par exemple, si on présente deux sons très brefs, l'un juste après l'autre, et dont l'un est un tout petit plus aigu que l'autre, et qu'on demande si les deux sons montent ou s'ils descendent, là encore, les aveugles sont meilleurs. Et ils sont d'autant meilleurs qu'ils sont aveugles depuis un plus jeune âge. Les plus performants sont ceux qui sont aveugles de naissance.

Trouve-t-on chez les aveugles une supériorité du même genre dans d'autres modalités sensorielles ?

On a en effet montré des choses du même genre dans le domaine du toucher, et même dans celui de l'odorat ! Par exemple, si on demande à des aveugles d'identifier des odeurs, ou bien de déterminer si deux odeurs sont semblables ou différentes, on s'aperçoit que les aveugles précoces sont, là encore, meilleurs que les voyants.

Et sait-on quel est le mécanisme de cette supériorité ?

Pour ce qui est des odeurs, une étude récente a mesuré, grâce à l'IRM, la taille du bulbe olfactif de sujets aveugles et de sujets voyants. Le bulbe olfactif est une sorte de prolongement du cerveau qui arrive juste au-dessus du nez, et qui est stimulé par les substances odorantes qui entrent dans nos narines (voir figure 8). Or il s'avère que le bulbe olfactif est plus gros chez les aveugles que chez les sujets voyants. Mais l'odorat est un sens très archaïque, un peu à part, très différent de la vision, de l'audition ou du toucher…

Donc, pour revenir à des modalités de perception plus proches de la vision, sait-on comment fait le cerveau des aveugles pour si bien percevoir le monde par l'ouïe ou par le toucher ?

Une des explications semble être que, chez les aveugles, les régions du cerveau qui sont normalement dédiées à la vision sont réutilisées, recyclées, pour servir aux autres sens. À l'arrière du cerveau se trouvent des régions visuelles, des régions qui s'activent lorsque nous voyons des images, des formes, n'importe quoi. Normalement elles ne s'activent pas quand nous entendons des sons ou que nous touchons quelque chose. Or, chez les aveugles, ces régions s'activent quand l'ouïe ou le toucher sont stimulés !

C'est une chose de voir que ces régions visuelles « s'allument » sur des images d'IRM fonctionnelle quand des aveugles entendent ou touchent quelque chose, mais cela ne prouve pas que ces régions sont effectivement utiles pour l'audition ou le toucher.

C'est tout à fait exact. Ce n'est pas parce qu'une partie du cerveau s'allume dans une machine d'IRM fonctionnelle qu'elle est réellement nécessaire à l'activité en cours. Pourtant il semble bien que les régions visuelles soient réellement utilisées pour d'autres modalités chez les aveugles. Je vais vous raconter l'histoire d'une patiente. C'était une femme de 63 ans, aveugle depuis sa naissance. Dès son enfance, elle avait appris à lire le Braille, c'est-à-dire à lire par le toucher, en utilisant ses doigts au lieu de ses yeux. Elle avait fait des études supérieures et travaillait dans une station de radio. Et puis elle a malheureusement été victime d'un accident vasculaire cérébral. Cet accident a détruit la région occipitale, à l'arrière du cerveau. C'est la région qui s'active quand les voyants voient, et qui s'active « anormalement » quand les aveugles font fonctionner leur sens du toucher. À la suite de cet accident, elle est devenue incapable de lire le Braille. Autrement dit, on peut en conclure que cette région du cerveau, qui normalement sert à voir, servait, chez cette femme aveugle, à lire par le toucher. La preuve en est que, quand cette région s'est trouvée détruite par l'accident vasculaire, elle a perdu la faculté de lire le Braille.

Tout cela veut donc dire que les fonctions des différentes régions cérébrales ne sont pas fixées, et que si une région qui normalement s'occupe de la vision est laissée au chômage chez un aveugle dont les yeux n'envoient aucun message au cerveau, alors elle peut être utilisée pour d'autres sortes de perceptions.

En effet, mais le cerveau ne peut s'adapter que s'il s'y met très tôt. Les phénomènes que je vous ai décrits ne se produisent que chez les gens qui sont aveugles depuis leur naissance ou depuis leur petite enfance.

V.

AUTRES HISTOIRES DE CERVEAU

1.

Le cerveau multitâche

Beaucoup d'entre nous sont entourés de plus en plus de moyens de communication informatiques et électroniques, de machines et d'écrans. Comment notre pauvre cerveau se débrouille-t-il pour faire face à cette avalanche d'informations ?

Il y a là une sorte de paradoxe. D'un côté, en effet, nous sommes soumis à des sources d'information multiples et simultanées. Même si vous utilisez uniquement un ordinateur, vous disposez en général de plusieurs programmes qui tournent en même temps, et qui cohabitent sur votre écran. Vous lisez les infos sur Internet, vous surveillez l'arrivée de vos e-mails, vous écoutez la radio, le programme qui gère votre agenda sonne pour vous rappeler votre prochain rendez-vous... Tout ça ne vous empêche pas de guetter vos SMS et de répondre au téléphone. Le paradoxe, c'est qu'en fait nous ne sommes fondamentalement capables que de faire une seule chose à la fois. Je ne parle pas des actions très automatiques, comme marcher ou conduire sur un trajet très familier. Mais notre attention, elle, ne peut se porter que sur une activité à la fois. Ainsi quand nous avons l'air de faire trente-six choses à la fois, comme dans l'exemple que je vous ai donné, nous passons sans cesse d'un écran à l'autre, d'une machine à l'autre, d'une information à l'autre.

Et est-ce une manière efficace de travailler ? Arrivons-nous réellement à nous partager entre toutes ces machines ?

Des chercheurs ont étudié l'impact sur leur fonctionnement intellectuel de l'habitude qu'ont certains d'entre nous de faire dix choses à la fois. Tout d'abord, ils ont fait remplir un questionnaire très détaillé à 200 étudiants, en leur demandant s'ils avaient l'habitude d'utiliser en parallèle plusieurs médias. Ils ont ensuite sélectionné parmi eux deux groupes bien contrastés d'environ 20 personnes chacun : d'un côté des « multitâcherons » ou « fous du multimédia », faute d'un meilleur nom, et de l'autre ceux qui, au contraire, ne se dispersent pas entre plusieurs médias. Ils ont soumis ces deux groupes à toute une variété de tests psychologiques visant justement à évaluer leur capacité à passer d'une tâche à l'autre, à trier l'information pertinente de l'information inutile, etc.

Pouvez-vous nous donner un ou deux exemples ?

Bien sûr. En voici un premier. On vous présente une série de lettres, l'une après l'autre, chacune remplaçant la suivante : A T M X T U (figure 39). Vous devez, pour chaque lettre, dire si elle est identique à l'avant-avant-dernière lettre. Essayez, vous allez voir que c'est très difficile. Quand vous voyez le second T, vous devez vous souvenir que vous avez vu un T trois lettres plus tôt, et

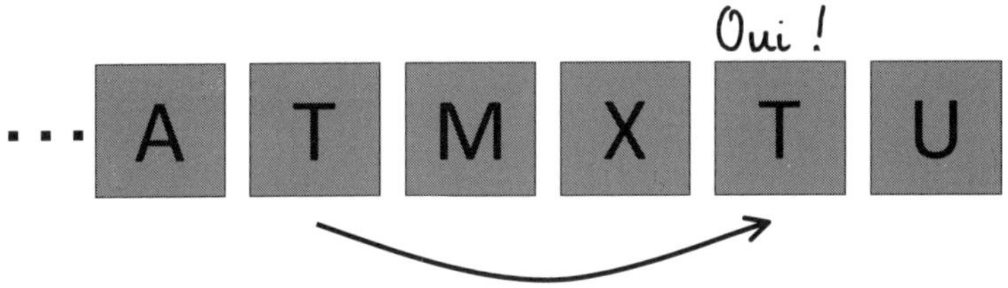

Figure 39 : Devant une suite de lettres qui se succèdent, il est difficile de déterminer si la lettre actuelle est la même que celle qui est passée trois rangs plus tôt.

ne pas vous laisser parasiter par le souvenir du M et du X que vous avez vus entre-temps. Ça demande de faire un tri difficile entre de l'information utile et de l'information gênante qui peut vous parasiter.

Un autre exemple ?

On vous présente une succession de paires constituées d'une lettre et d'un chiffre : A2 T7 M3, etc. (figure 40). Vous devez chaque fois donner une réponse qui ne concerne que le chiffre, par exemple dire s'il est pair, sans vous préoccuper de la lettre. Puis, tout à coup, on vous demande de changer de tâche. Vous devez alors laisser

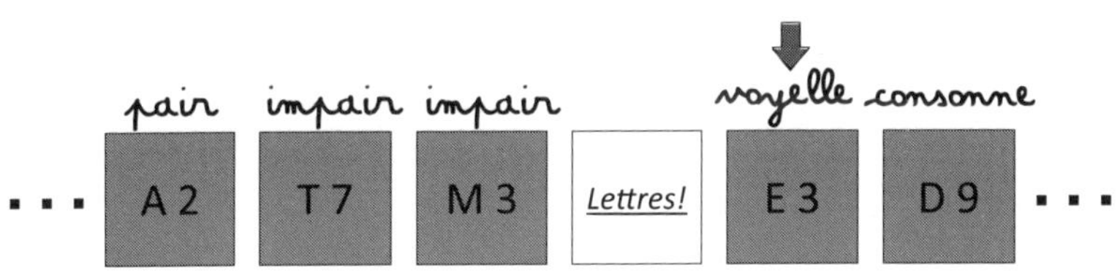

Figure 40 : Si vous avez du mal à passer d'une tâche à une autre, vous répondrez lentement quand la nouvelle tâche démarrera (flèche).

tomber les chiffres et répondre à une question à propos de la lettre, par exemple dire s'il s'agit d'une voyelle ou d'une consonne. Ce qu'on étudie, c'est votre comportement juste après le changement de tâche. Si vous êtes quelqu'un qui a du mal à passer d'une tâche à l'autre, vous allez répondre très lentement la première fois que vous devrez accomplir la tâche « voyelle ou consonne », après avoir juste cessé la tâche « pair ou impair ». Bref, un test parmi d'autres qui évalue la capacité à sauter efficacement d'une activité à l'autre.

En bref, ces tests évaluent les capacités à gérer plusieurs activités à la fois. Je suppose que ce sont les « fous du multimédia », les « multitâcherons », qui étaient les meilleurs, puisqu'ils passent justement leur temps à jongler entre ordinateur et téléphone ?

Eh bien non, le résultat est assez paradoxal. Contrairement à l'intuition la plus évidente, les multitâcherons sont moins bons dans tous ces tests de gestion d'informations multiples. Ceux qui ont l'habitude d'être concentrés sur leur journal *ou* sur leur radio *ou* sur leur traitement de texte sont globalement meilleurs partout.

Est-ce que cela signifie que faire dix choses à la fois finit par vous passer le cerveau au mixer et vous rend idiot ? Si c'est le cas, mieux vaudrait le savoir et éviter, dans la mesure du possible, de fonctionner en multitâche !

Vous allez un peu vite dans l'interprétation. D'abord, quel est l'œuf et quelle est la poule ? Peut-être n'est-ce pas la pratique du multimédia qui est la cause de ces différences de fonctionnement intellectuel. Peut-être que certains d'entre nous ont une tendance naturelle à disperser leur attention, à explorer de façon plus superficielle mais plus large leur environnement, et que ce sont ces gens-là qu'on va retrouver parmi les « fous du multimédia ». Quant aux personnes qui ont une tendance naturelle à être plus concentrées, plus focalisées sur une seule activité, elles éviteront spontanément de s'exposer simultanément à dix écrans et douze téléphones.

D'accord, mais quoi qu'il en soit, les « fous du multimédia » sont tout de même moins performants dans tous les tests dont vous nous avez parlé.

Oui, mais ce n'est pas forcément un mal. Les tests ne sont que les tests. Il est tout à fait possible que dans la vie réelle ce soit parfois un avantage d'être moins sélectif, moins focalisé, de laisser son attention planer superficiellement sur plus de choses, d'explorer, de détecter les nouveautés qui se présentent…

2.

Le four et le moulin

Nous sommes tous des gens très occupés, et nous aimerions avoir plusieurs cerveaux pour pouvoir faire plusieurs choses en même temps. En réalité, combien de choses pouvons-nous faire à la fois ?

Je vais vous faire une réponse de Normand : cela dépend de ce que vous appelez une « chose ». Les actions très automatisées, qui ne nécessitent pas d'attention particulière, qui peuvent être exécutées sans même que nous en ayons conscience, nous pouvons en faire plusieurs à la fois. On se moquait du président Gerald Ford, qui ne pouvait pas, paraît-il, marcher et mâcher un chewing-gum en même temps. En réalité, nous pouvons en même temps marcher, manger, nous gratter la tête, éviter les obstacles et, plus encore, sans avoir besoin de nous arrêter tous les deux pas pour mastiquer. Chacune de ces actions est assurée par un circuit cérébral bien entraîné qui fonctionne dans son coin sans empêcher en même temps d'autres circuits de se consacrer à autre chose. En revanche, nous ne pouvons réfléchir consciemment qu'à une seule chose à la fois. Quand une idée consciente occupe notre esprit, les autres idées doivent faire la queue et attendre leur tour avant de pouvoir accéder à la conscience.

Donc, on peut être engagé dans plusieurs activités automatiques en même temps, mais des idées conscientes, on ne peut en avoir qu'une seule à la fois. Auriez-vous un exemple ?

Par exemple, répondre au téléphone et rectifier l'assaisonnement d'un bœuf en daube sont deux tâches qui requièrent chacune toute notre conscience et notre attention. Nous ne pouvons donc les poursuivre simultanément. La seule solution est d'alterner à toute vitesse : une seconde pour le téléphone, une seconde pour le bœuf, puis retour au téléphone, etc. La gestion de cette alternance n'a rien de simple : il faut reprendre la conversation exactement là où on l'avait abandonnée quand on s'était penché sur la casserole. Le contrôle de cette alternance entre deux actions complexes est du ressort du cortex préfrontal, tout à fait à l'avant du cerveau. C'est pourquoi les patients qui ont des lésions dans cette région ont le plus grand mal à alterner entre deux actions. Il existe un petit test qu'utilisent les neuropsychologues pour constater cela (figure 41). On demande d'abord au patient de relier dans l'ordre des points qui portent des chiffres. Rien de plus facile, même si vos lobes préfrontaux ne fonctionnent pas bien : vous n'avez qu'une tâche unique à réaliser. Ensuite, on demande au patient de relier dans l'ordre des points qui portent soit des chiffres, soit des lettres, en alternant chiffres et lettres (1, A, 2, B, 3, C...). Cette fois-ci, les patients avec des lésions préfrontales rencontrent les plus grandes difficultés, ils vont lentement, se trompent. Bref, ils ne parviennent pas à alterner chiffres et lettres.

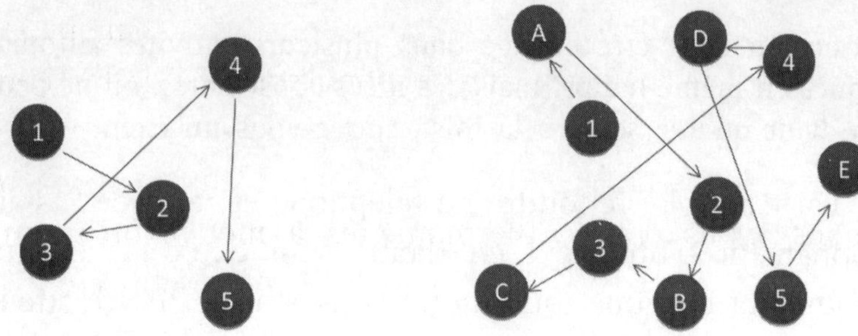

Figure 41 : Ce test comporte une partie facile (à gauche) et une partie plus difficile (à droite) où il faut alterner les chiffres et les lettres.

Pour quelqu'un dont le cortex préfrontal fonctionne correctement, il est donc possible de courir deux lièvres à la fois, en courant alternativement derrière l'un et l'autre. Mais peut-on aussi bien courir derrière trois, quatre ou cinq lièvres ?

Pas sûr. En fait, il semble que nous puissions facilement poursuivre simultanément deux buts, quitte à devoir en pratique alterner entre les deux, comme parler au téléphone et cuisiner en même temps. En revanche, il semble plus problématique de poursuivre simultanément plus de deux objectifs, d'être motivé par plus de deux buts, d'avoir envie de faire plus de deux choses à la fois.

Comment a-t-on pu montrer cela ?

L'explication se complique un tout petit peu. D'abord, il faut savoir qu'il y a dans le cerveau une sorte de thermomètre de la motivation, une région du cortex à la face des lobes frontaux qui est cachée entre les deux hémisphères, un peu au-dessus des orbites, qui s'active d'autant plus qu'on est plus motivé par le but qu'on poursuit. Par exemple, si vous jouez à un jeu dont l'enjeu est de 100 euros, cette région sera plus active que si l'enjeu est seulement de 50 euros. Or, comme nous avons deux hémisphères, nous avons deux « thermomètres à motivation », un à droite et un à gauche. Et pour la première fois en 2010, on a pu montrer que nos deux thermomètres à motivation pouvaient coder l'un la motivation à suivre un premier but, et l'autre la motivation à suivre un second but, les deux en parallèle.

Et plus concrètement ?

Les chercheurs ont présenté sur un écran une suite de lettres, l'une après l'autre. Les participants à l'expérience devaient surveiller ces lettres de près, pour voir si elles formaient un mot donné (C, H, A, P, E, A, U). En réalité, les choses étaient un peu plus compliquées. Schématiquement, il y avait une alternance de lettres majuscules et minuscules, et les participants devaient accomplir leur tâche séparément et en parallèle avec les majuscules et les minuscules. Bref, ils devaient s'arranger pour faire simultanément deux tâches distinctes, surveiller les majuscules et surveiller les minuscules. Les sujets recevaient de l'argent s'ils répondaient sans erreur. L'astuce, c'est que cette récompense financière, qui constituait une motivation, était plus importante pour une tâche que pour l'autre : par exemple 1 euro par lettre pour surveiller les majuscules et 0,05 euro par lettre pour surveiller les minuscules. Ils étaient de ce fait plus motivés par une tâche que par l'autre. Les activations cérébrales dans la région du « thermomètre à motivation » reflétaient cette double motivation d'une manière particulièrement intéressante (figure 42). En effet, le thermomètre à motivation d'un hémisphère reflétait la récompense offerte pour une des tâches (activation faible correspondant à 0,05 euro), et le thermomètre de l'autre hémisphère reflétait la récompense offerte pour l'autre tâche (activation forte correspondant à 1 euro). Autrement dit, chaque hémisphère peut porter la motivation à poursuivre un but et, comme nous avons deux hémisphères, nous pouvons poursuivre deux buts, courir deux lièvres à la fois !

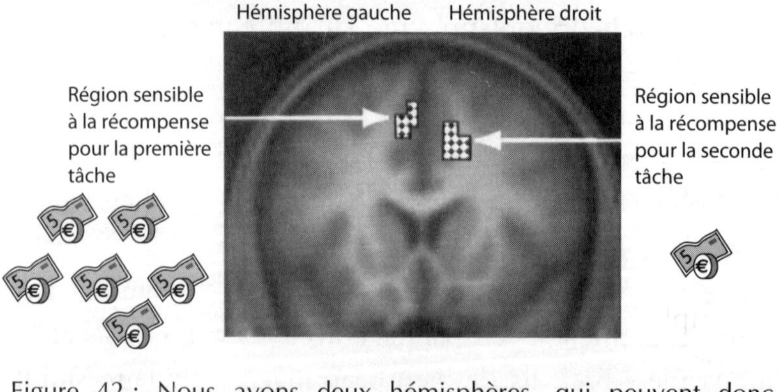

Figure 42 : Nous avons deux hémisphères, qui peuvent donc assurer de façon simultanée la motivation à réaliser deux tâches différentes.

Magnifique, mais comment les deux hémisphères se mettent-ils d'accord pour s'occuper alternativement du but numéro 1 et du but numéro 2 ?

Comme je vous le disais tout à l'heure, le cortex préfrontal est là pour arbitrer, et pour dire : « Maintenant, tout le cerveau travaille à poursuivre le but de l'hémisphère droit », puis quelques instants plus tard : « Maintenant, tout le cerveau travaille à poursuivre le but de l'hémisphère gauche. » Je vous ai parlé des patients avec des lésions préfrontales, qui ne réussissent pas à gérer les situations où il faut alterner entre plusieurs activités. Il existe aussi une situation spectaculaire au nom barbare d'*apraxie diagonistique*. Je vous rappelle que les mouvements de la moitié gauche du corps sont commandés par l'hémisphère droit et les mouvements de la moitié droite sont commandés par l'hémisphère gauche. Bien sûr, les deux hémisphères se mettent normalement d'accord grâce au corps calleux, la grosse connexion qui les lie l'un à l'autre : quand vous faites bouger une main, c'est en dernier ressort l'hémisphère opposé qui la fait bouger mais, avant que l'ordre de mouvement soit envoyé à la main, les deux hémisphères se sont mis d'accord pour décider de l'accomplir.

Donc que se passe-t-il quand la destruction du corps calleux empêche la communication entre les deux hémisphères ?

Prenons un exemple : un homme est en train d'écrire quand sa main gauche surgit, arrache feuille et stylo, et jette tout par terre. Ou bien une femme ferme un robinet avec sa main droite, et aussitôt la main gauche l'ouvre à nouveau. Les deux hémisphères, séparés, ne peuvent plus se mettre d'accord pour alterner entre deux buts. Chaque hémisphère poursuit son lièvre, ce qui est la manière la plus sûre de n'en attraper aucun !

3.

Ce que la lecture change dans le cerveau

Vous savez lire, je sais lire. Quand un mot ou une phrase nous tombe sous les yeux, sans faire aucun effort, nous comprenons instantanément le sens de ce qui est écrit. Instantanément, nous pouvons être désespérés à la lecture d'une mauvaise nouvelle, transportés ailleurs en lisant quelques vers de poésie. Tout cela semble aller de soi, mais il y a pourtant là un grand mystère. Pour vous faire saisir ce mystère, faisons un peu de neurologie. Certains accidents cérébraux peuvent vous rendre d'un jour à l'autre totalement incapable de lire un seul mot, ou même une seule lettre, alors tout le reste continue à fonctionner parfaitement bien : vous voyez clair, vous parlez normalement et vous comprenez ce que l'on vous dit, vous pouvez même écrire comme avant. Mais, devant un mot écrit en français, c'est comme si vous vous trouviez comme devant un mot chinois (naturellement, si vous êtes chinois, c'est exactement le contraire...).

En quoi le fait que des patients puissent perdre leurs capacités de lecture soulève-t-il un tel mystère ?

À la suite d'une panne cérébrale, on peut donc perdre la capacité de lecture, et seulement celle-ci. Cela implique que le cerveau possède un système qui sert à la lecture, et qui ne sert qu'à cela, puisque la panne laisse toutes les autres facultés intactes. Et le mystère est le suivant : cette « machine à lire », d'où vient-elle ? Si je vous demande d'où viennent nos yeux ou nos mains, vous direz que ce sont des produits façonnés par l'évolution et la sélection naturelle. Mais notre machine à lire, ce n'est sûrement pas l'évolution biologique qui nous l'a donnée. En effet, la lecture est une invention très récente (5 000 ans), alors que notre cerveau, tel qu'il est à la naissance, n'a pas changé depuis des dizaines de milliers d'années ! Autrement dit, nous naissons avec le même cerveau que celui de nos ancêtres d'il y a 20 000 ans, qui n'avaient aucune idée de ce que pouvait être la lecture…

Si ce n'est pas l'évolution biologique qui a créé la « machine à lire », d'où vient-elle donc ?

Dès la naissance, notre cerveau est fait pour voir et pour parler. Nous naissons avec un système visuel, qui nous sert à reconnaître les objets qui nous entourent, et avec un système de langage, qui nous sert à communiquer. Quand on apprend à lire, on apprend de nouvelles choses à ces deux systèmes. Au système visuel, on apprend à reconnaître ces petits objets particuliers que sont les lettres. Au système du langage, on apprend à découper la parole en sons élémentaires (bateau = [b] + [a] + [t] + [o]). Et finalement, apprendre à lire, c'est établir des liens entre ces deux systèmes : nous apprenons que la lettre écrite O correspond au son [o], et ainsi de suite. Bref, notre machine à lire est le résultat de changements, de modifications que l'apprentissage de la lecture provoque dans les systèmes qui, dans le cerveau, s'occupent du langage et de la vision.

Comment peut-on observer et étudier objectivement l'impact de l'apprentissage de la lecture sur le cerveau ?

Théoriquement, c'est assez simple : il suffit de comparer le cerveau de gens qui savent lire à celui de gens qui ne savent pas lire. Dans les faits, une telle comparaison soulève de nombreuses difficultés. Ainsi, il est très difficile de trouver des individus comparables en âge, origine, milieu social, et dont certains savent lire et d'autres pas, et d'étudier leur fonctionnement cérébral avec des méthodes de pointe. Je vous parle de cela à l'occasion de la publication d'une étude à laquelle j'ai eu le plaisir de participer et qui porte exactement là-dessus.

Comment a-t-on pu trouver des participants appropriés pour cette étude ?

L'étude a été menée en partie au Brésil avec des sujets brésiliens et en partie en France avec des sujets portugais. On a comparé non pas deux, mais trois catégories de sujets : des lettrés ayant appris à lire à l'école dans leur enfance, des illettrés n'ayant jamais appris à lire et des ex-illettrés, c'est-à-dire des gens qui ont appris à lire, plus ou moins bien, à l'âge adulte, en fréquentant des cours d'alphabétisation. L'intérêt particulier du Brésil est qu'on peut y trouver des lettrés, des illettrés et des ex-illettrés qui sont par ailleurs tout à fait comparables en termes de milieux socio-économiques. Cet appariement des groupes est très important. C'est à ce prix seulement qu'on peut attribuer d'éventuelles différences de fonctionnement cérébral à la différence de maîtrise de l'écriture et non, par exemple, au régime alimentaire suivi dans l'enfance…

Et comment a-t-on étudié le fonctionnement cérébral de ces gens ?

On a utilisé l'IRM fonctionnelle, qui permet de voir l'activation des différentes régions du cerveau pendant qu'on effectue une tâche intellectuelle. Schématiquement, on a testé d'une part le fonctionnement de leur système visuel, en leur faisant voir des mots écrits, des visages, des images de maisons, etc. D'autre part, on a testé leur système du langage, en leur faisant écouter ou voir des mots et des phrases, pendant que la machine d'IRM recueillait des images de leur cerveau.

Pouvez-vous nous donner une idée des résultats ?

Le résultat qui était le plus prévisible, c'est que mieux vous savez lire, plus les activations au cours de la lecture augmentent, d'une part dans la partie du système visuel qui sert à reconnaître les lettres, mais aussi dans tout le système cérébral du langage, qui s'occupe du sens des mots, de leur prononciation, etc. Autrement dit, on voit que la lecture d'un mot ou d'une phrase envahit le cerveau d'autant plus qu'on sait mieux lire, ce qui est assez logique.

Si ce résultat était attendu, donnez-nous un autre plus imprévu...

Le fait de savoir lire change aussi la manière dont notre cerveau perçoit le langage parlé. Le lobe temporal gauche est chargé d'analyser les sons de la parole. Pendant qu'ils écoutent des phrases, cette région s'active deux fois plus chez les lettrés que chez les illettrés. L'explication de cette différence n'a rien d'évident : pourquoi le fait de savoir lire changerait-il la façon dont nous entendons ? En fait, il se trouve que les illettrés n'entendent pas exactement la parole comme les lettrés. Jouons à un petit jeu : je vous demande de retirer le premier son du mot « crapaud », vous répondez « rapo » ; si je vous dis « chapeau », vous répondez « apo », etc. Or les illettrés sont incapables de jouer à ce genre de jeu. Ils n'ont pas conscience des petits sons élémentaires, qu'on appelle les phonèmes, qui forment les mots parlés. Cette conscience, qu'on qualifie de « phonologique », se développe en lien étroit avec l'apprentissage de la lecture. De telles différences entre lettrés et illettrés ont peut-être un rapport avec le fait que leur cortex auditif ne s'active pas de la même manière.

Quelle conclusion tirez-vous de ce travail ?

Je suis impressionné par un dernier résultat, assez remarquable : les changements du fonctionnement cérébral associés à l'apprentissage de la lecture sont presque les mêmes que vous ayez appris à lire dans votre enfance ou bien à l'âge adulte dans des cours d'alphabétisation. Ma conclusion est donc optimiste : le cerveau reste plastique et capable d'apprentissages jusqu'à l'âge adulte. Il n'est jamais trop tard pour apprendre !

4.

Cerveau de gauche, cerveau de droite : une question politique

Des élections approchent, et j'ai envie de vous poser une question brutale : un cerveau qui vote à droite et un cerveau qui vote à gauche sont-ils différents ?

Une étude a été publiée sur ce sujet dans l'excellente revue *Current Biology*, étude qui a fait pas mal parler d'elle et qui a d'ailleurs une histoire curieuse. Peut-être avez-vous vu le film *Le Discours d'un roi*, dans lequel il est question du bégaiement de George VI d'Angleterre. Or, curieusement, Colin Firth, l'acteur qui y incarne le roi, est un des auteurs de cet article scientifique. En effet, lors d'une émission de la BBC à laquelle il était invité, il a proposé à des neuroscientifiques londoniens de comparer les cerveaux d'un député conservateur et d'un député libéral, qui avaient tous deux passé des IRM cérébrales pour je ne sais quelle raison. Évidemment, pour mener à bien une étude de ce genre, on ne peut pas simplement comparer les cerveaux de deux individus ; un groupe assez important de sujets de diverses opinions politiques est bien entendu nécessaire.

Qu'ont fait les chercheurs ?

Ils ont récupéré les IRM de quelques dizaines de sujets bien portants. Ils leur ont simplement proposé de répondre à un petit questionnaire qui, en gros, leur demandait de s'évaluer eux-mêmes sur une échelle de 1 à 5, du plus libéral au plus conservateur. Ensuite, ils ont observé si l'anatomie des cerveaux dépendait de leurs préférences politiques. En réalité, ils n'ont pas simplement « observé », parce que ce sont des détails qui ne se voient pas à l'œil nu, mais ont utilisé des techniques qui permettent de mesurer précisément si le cortex est plus ou moins épais, en tout point du cerveau, en fonction d'une caractéristique individuelle, en l'occurrence selon l'orientation politique.

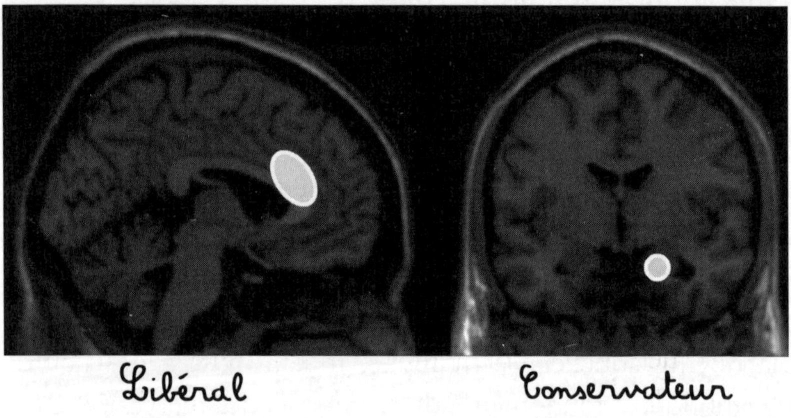

Figure 43 : Le cortex semble d'autant plus développé dans la région cingulaire que vous êtes plus libéral et dans l'amygdale que vous êtes plus conservateur.

Et qu'ont-ils donc constaté ?

Ils ont découvert des choses intéressantes dans deux régions (figure 43). L'une est la région cingulaire, qui est cachée entre les deux hémisphères à l'avant du cerveau, qui serait d'autant plus développée que vous êtes plus libéral. L'autre est l'amygdale droite, qui serait d'autant plus développée que vous êtes plus conservateur.

Et peut-on comprendre pourquoi ces deux régions en particulier ont un rapport avec l'orientation politique ?

Quoi qu'il en soit, il ne s'agit pas d'un rapport direct. L'idée générale, ce n'est pas que ces régions sont les « centres » du vote à droite ou à gauche, mais plutôt que leur plus ou moins grand développement est lié à tels ou tels traits de personnalité, qui eux-mêmes influencent les choix politiques.

Sait-on plus précisément quels sont les traits de personnalité liés à ces régions ?

Non, on ne le sait pas, et c'est là un des multiples problèmes que soulève cette étude. On pourrait croire naïvement que les éminents spécialistes du cerveau savent attribuer une fonction bien précise à chaque région cérébrale. Rien n'est plus faux. Et notamment les deux régions dont nous parlons, le cortex cingulaire et l'amygdale, interviennent dans d'innombrables fonctions mentales. Les auteurs de l'étude choisissent parmi les mille interprétations possibles celle qui leur permet de raconter une belle histoire.

Ils suggèrent que les conservateurs sont des gens craintifs, qui réagissent très fortement à tout ce qui peut paraître effrayant, et on sait en effet que l'amygdale s'active lorsque vous voyez quelque chose qui vous fait peur. Inversement, ils suggèrent que les libéraux sont capables de faire face plus facilement aux situations d'incertitude et de conflit entre plusieurs choix possibles, et on sait en effet que le cortex cingulaire s'active dans les situations où nous faisons face à un conflit entre plusieurs options (« vais-je faire ceci ou cela ? »). Toutefois je le répète, cette interprétation n'est qu'une des nombreuses interprétations possibles, et rien ne permet réellement de l'étayer dans l'étude dont je vous parle.

Admettons donc que l'interprétation psychologique exacte des différences anatomiques entre libéraux et conservateurs soit sujette à caution. Malgré tout, ces résultats ne montrent-ils pas que nous venons au monde déjà câblés, déjà complètement déterminés pour voter à droite ou à gauche selon la forme de notre cerveau à la naissance ?

Non, pas du tout ! En effet, même si l'orientation politique est corrélée à l'anatomie du cerveau, rien ne nous dit ce qui est l'œuf et ce qui est la poule. Il serait tout à fait possible que ce que vous avez vécu, votre histoire personnelle, modifie légèrement l'anatomie de votre cerveau. On a par exemple montré que si vous apprenez à jongler et que vous vous entraînez comme un fou, l'épaisseur de votre cortex va augmenter dans certaines régions que vous utilisez pour jongler. Donc ces résultats n'impliquent pas que les orientations politiques soient prédéterminées par l'anatomie du cortex. Et ils n'empêchent pas qu'on puisse changer d'orientation politique au cours de la vie, comme aurait dit Jacques Brel à propos des bourgeois.

Admettons donc que ces différences anatomiques ne soient pas déterminées dès la naissance. Cependant, cette étude montre au moins que ces deux régions sont impliquées dans les processus psychologiques qui mènent aux choix politiques.

Même cela n'est pas certain ! Ce que montre cette étude, c'est une simple corrélation : plus il y a de matière grise dans telle région, plus vous êtes libéral. Ça ne prouve pas que c'est *à cause* de cette différence anatomique que vous êtes libéral. Imaginez par exemple que, pour une raison ou pour une autre, les libéraux mangent plus de choucroute que les conservateurs, et que la choucroute fasse grossir le cortex cingulaire. Alors, les libéraux auraient un plus gros cortex cingulaire, sans que ce cortex ne joue en réalité le moindre rôle dans les choix politiques. Comme le dit l'adage statistique, « corrélation n'est pas raison ».

En bref, vous nous avez parlé d'une magnifique expérience scientifique expliquant les bases cérébrales des orientations politiques, et vous l'avez plus ou moins réduite en charpie, en nous expliquant que ça ne prouvait rien du tout…

Il est vrai qu'il y a là-dedans un aspect de « coup médiatique », simplement parce que le sujet a à voir avec la politique, avec le cinéma et avec George VI d'Angleterre. Mais ne jetons pas le bébé avec l'eau du bain. Il est assez probable que ces résultats soient « vrais », même s'il faut les interpréter avec la plus grande prudence. Ce que cela veut dire, c'est qu'il est très difficile d'étudier de façon rigoureuse les mécanismes cérébraux des aspects les plus subtils de la pensée. Ça ne signifie pas que cela soit impossible. En fait, même des phénomènes mentaux aussi compliqués que les options politiques sont enracinés dans des processus psychologiques élémentaires et dans les mécanismes cérébraux qui y correspondent. Mais, au-delà de cette généralité, il nous reste presque tout à comprendre !

VI.

HISTOIRES DE MÉDECINE ET CHOSES UTILES

1.

Imagination et maladie d'Alzheimer

Nous allons essayer de savoir ce que fait notre cerveau… quand nous ne faisons rien. Imaginons qu'après une dure journée de travail je m'assieds sur un banc, et que je rêvasse les yeux dans le vide, est-ce que mon cerveau s'arrête de fonctionner ou au moins diminue son activité ?

Voyons d'abord les choses d'une façon plus globale. Le cerveau représente seulement 2 % de notre poids, mais il consomme 20 % de toute notre énergie, soit nettement plus que le cœur ou le foie. On le devine d'ailleurs sur l'image ci-dessous qui montre une sorte de carte de la consommation d'énergie de l'ensemble du corps (figure 44). Or cette énorme consommation d'énergie varie à peine (moins de 5 %) selon ce qu'on est en train de faire avec notre cerveau. Autrement dit, que vous soyez en train d'extraire de tête une racine cubique ou que vous rêvassiez sur votre banc, votre cerveau consomme à peu près autant d'énergie. Il fonctionne en continu.

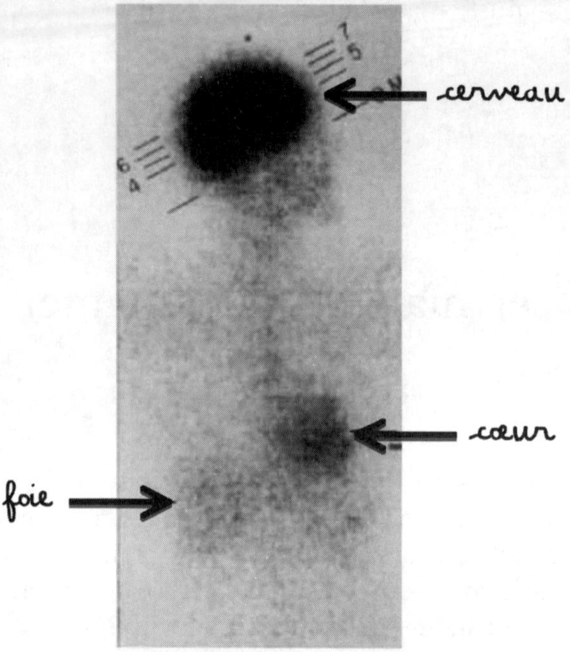

Figure 44 : Cette image scintigraphique de la consommation de glucose dans l'ensemble du corps illustre l'importance massive de la consommation du cerveau.

Et peut-on savoir à quoi pense un cerveau qui se repose ?

Avant de répondre à cette question, faisons un peu d'histoire. L'imagerie fonctionnelle cérébrale, les techniques qui permettent de voir les régions du cerveau qui s'activent pendant que vous pensez, s'est développée à partir de la fin des années 1980. Une expérience d'imagerie fonctionnelle classique se passe comme suit : on place quelqu'un dans une machine d'IRM, et on lui donne une consigne bien précise, en alternance avec des périodes de repos : « Maintenant chantez une chanson ; maintenant reposez-vous ; maintenant chantez une chanson ; maintenant reposez-vous », etc. On recueille des images du cerveau tout au long de cette procédure, ce qui permet de déterminer quelles sont les régions dont l'activité est plus importante pendant que vous chantez une chanson que pendant que vous vous reposez.

Dix ans plus tard, à la fin des années 1990, des chercheurs se sont intéressés à toutes les images recueillies au cours de ces expériences, en se posant une question qu'on avait jusque-là négligée : quelles sont les régions dont l'activité non seulement n'augmente pas, mais même diminue quand vous faites quelque chose (chanter une chanson) par rapport à la situation de repos ?

Autrement dit, on a cherché quelles étaient les régions du cerveau qui travaillaient plus quand vous étiez au repos. Quelles sont ces régions ?

Vous pouvez les voir sur la figure 45. Ce qui est remarquable, c'est qu'on retrouve sensiblement les mêmes régions dès que vous arrêtez de travailler, quelle que soit l'activité que vous interrompez. Vous arrêtez de lire, de parler, de compter des points noirs, de jouer au poker, aussitôt l'activité augmente dans ce réseau, qu'on a très logiquement appelé le « réseau de repos ».

Sait-on à quel genre de travail intellectuel correspond l'activité dans ce réseau de repos ?

De façon grossière, on pourrait dire qu'il s'agit de la rêvasserie. On l'a montré, entre autres, de la façon sui-

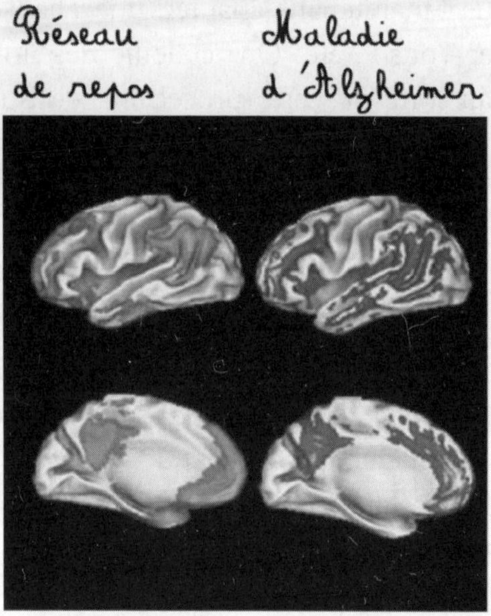

Figure 45 : Il y a un recouvrement frappant entre les régions activées lors du repos et les régions affectées par la maladie d'Alzheimer (dépôts amyloïdes).

vante : on fait accomplir à des gens une tâche répétitive et ennuyeuse. « Je vous montre des chiffres au hasard sur un écran, l'un après l'autre, et vous devez appuyer sur un bouton dès qu'un chiffre apparaît, sauf si c'est un 3, auquel cas vous ne devez rien faire. » L'ennui même… Par ailleurs, pendant cette corvée, on interrompt de temps en temps les sujets pour leur demander : « Êtes-vous bien concentré ou bien êtes-vous en train de rêvasser ? » Pendant cette expérience, les sujets étaient placés dans une machine d'IRM, ce qui a permis de constater que quand ils sont surpris à rêvasser et négligent de surveiller les chiffres, les régions du réseau de repos s'activent plus fortement que quand ils sont concentrés sur leur tâche ennuyeuse.

C'est bien beau de dire qu'on « rêvasse », mais peut-on aller plus loin ? À quoi pense-t-on pendant ces rêveries ?

Le cerveau n'est pas là simplement pour réagir à ce qui se passe dans le monde qui nous entoure. Le cerveau, même isolé, imagine sans cesse. C'est un peu ce qu'on voit dans le film *Matrix*, qui se déroule presque entièrement dans un monde très riche imaginé par les cerveaux d'humains qui en réalité végètent dans des cocons. L'idée générale est que, lorsque nous sommes au repos, nous basculons d'un état où nous percevons le monde qui nous entoure vers un état où nous imaginons le monde. En accord avec cette idée, on a suggéré que les régions du fameux réseau de repos s'activent plus dans toutes les situations où nous imaginons le monde plutôt que de le percevoir (figure 46). C'est le cas lorsque nous rappelons le souvenir d'un moment passé, mais aussi lorsque nous imaginons un moment à venir. Que je me souvienne du pique-nique du week-end dernier ou que j'imagine celui de dimanche prochain, dans les deux cas je m'éloigne de la réalité qui m'entoure pour créer dans ma tête un monde de fiction. C'est sensiblement la même chose lorsque j'imagine changer de point de vue ou me mettre à la place de quelqu'un d'autre : à quoi ressemblerait la table de pique-nique si je la voyais depuis le haut de cet arbre ? Que se passe-t-il dans la tête de ma cousine qui s'apprête à nettoyer les restes du pique-nique ? Dans tous ces cas, je

Figure 46 : Le réseau dit de « repos » tend à s'activer dans toutes les situations où nous nous projetons en imagination dans un ailleurs qui peut être le passé, le futur, un autre lieu…

change de perspective, je m'imagine dans un rapport au monde qui n'est pas celui que j'ai à l'instant présent. Dans tous ces cas, mon réseau cérébral de repos (repos qui n'est qu'apparent…) tend à augmenter son activité.

Permettez-moi une question plus médicale. Ces régions du réseau de repos, qui sont importantes pour le fonctionnement de l'imagination, peuvent-elles « tomber en panne » ?

Naturellement, elles peuvent être malades comme n'importe quelle autre région du cerveau. On pense même qu'elles sont particulièrement impliquées dans le mécanisme de certaines maladies, en particulier la maladie d'Alzheimer. Comme vous le voyez sur la figure 45, le réseau de repos recouvre d'une façon frappante les endroits où apparaissent et se développent les lésions microscopiques de la maladie d'Alzheimer. Cette ressemblance est évidente, au point qu'elle n'est sans doute pas due au hasard. Il existe une théorie selon laquelle il y a un lien de cause à effet entre l'activité du réseau de repos et le développement des lésions de la maladie d'Alzheimer. En effet, dans l'ensemble du cerveau, ce sont les régions de la rêvasserie qui ont l'activité la plus fréquente et la plus intense. Or il semble que si des neurones possèdent une très forte activité, le risque augmente de voir se développer en leur sein des lésions microscopiques de maladie d'Alzheimer. Nous ne pouvons pas entrer dans des détails trop techniques ici, mais on vient tout juste de prouver, chez des souris souffrant d'un équivalent de la maladie d'Alzheimer, que les régions qui sont les plus rapidement abîmées sont celles où les neurones ont l'activité la plus forte. En résumé, notre cerveau passe le plus clair de son temps à imaginer le monde, et c'est peut-être ce qui rend la machinerie de l'imagination (abusivement nommée réseau de repos...) plus sensible que d'autres à la maladie d'Alzheimer.

2.

Comme un chat somnambule

Que se passe-t-il dans notre esprit lorsque nous dormons ? Parfois, nous gardons quelques souvenirs de nos rêves, mais le plus souvent nous n'en conservons aucun. Nous allons parler aujourd'hui d'une très curieuse anomalie du sommeil, qui rend le contenu des rêves de ceux qui en sont affectés accessible à tout un chacun… On appelle cela les « troubles du comportement en sommeil paradoxal », ce qui demande quelques éclaircissements.

D'abord, qu'est-ce que le sommeil paradoxal ? Pendant la nuit, nous alternons entre deux sortes de sommeil, le sommeil lent et le sommeil paradoxal. Pendant le sommeil paradoxal, le cerveau est très actif, et se trouve dans un état très proche de l'éveil. Cette phase occupe environ 20-25 % de la nuit, répartie en quatre ou cinq périodes. C'est pendant le sommeil paradoxal que nous faisons la plupart de nos rêves. Une des particularités de cette phase de sommeil, c'est que les yeux bougent en permanence (c'est pourquoi le sommeil paradoxal est aussi appelé sommeil REM pour *rapid eye movements*).

Les yeux bougent peut-être, mais, si je ne m'abuse, le reste du corps, lui, ne bouge pas quand on rêve ?

En effet, pendant le sommeil paradoxal, tout le reste du corps est paralysé. Même si le cerveau envoie des commandes de mouvements, celles-ci sont bloquées par une sorte de commutateur qui se trouve dans le tronc cérébral, juste sous le cerveau. Vous serez sans doute heureux d'apprendre que ce commutateur est localisé dans la partie médiane du locus cœruleus alpha dans le tegmentum pontique dorso-latéral et qu'il exerce des influences descendantes inhibitrices par le relais du noyau magnocellulaire de la formation réticulée bulbaire… Plus simplement, ce commutateur paralyse la moelle épinière et l'empêche de mettre effectivement le corps en mouvement, malgré les ordres du cerveau.

Si l'on pouvait empêcher ce commutateur de nous paralyser, je suppose que nous exécuterions les mouvements que nous imaginons faire dans nos rêves ?

Exactement, et cela a été démontré il y a près de cinquante ans chez le chat. Si on détruit chez un matou ce fameux commutateur qui paralyse le corps pendant le sommeil paradoxal, le chat « agit » ses rêves, chasse des souris, joue avec une balle, guette les mouches, se débarbouille, etc. On peut facilement trouver sur Internet des vidéos qui illustrent l'expérience.

Est-ce que cela peut arriver chez les êtres humains ? Jouons-nous parfois vraiment nos rêves ?

Normalement non, mais quand cela se produit, c'est précisément ce qu'on appelle des troubles du comportement en sommeil paradoxal. Dans de tels cas, on peut constater chez l'homme le même genre de comportement que ce que je vous ai décrit chez le chat. On peut voir un dormeur en plein sommeil paradoxal en train de reproduire le geste de fumer, les jambes confortablement croisées, allongé dans son lit (figure 47). En réalité, ce sont souvent des mouvements plus violents, évoquant des bagarres, des coups donnés ou reçus, et qui peuvent conduire les patients à se faire mal ou à frapper celui ou celle qui partage leur lit.

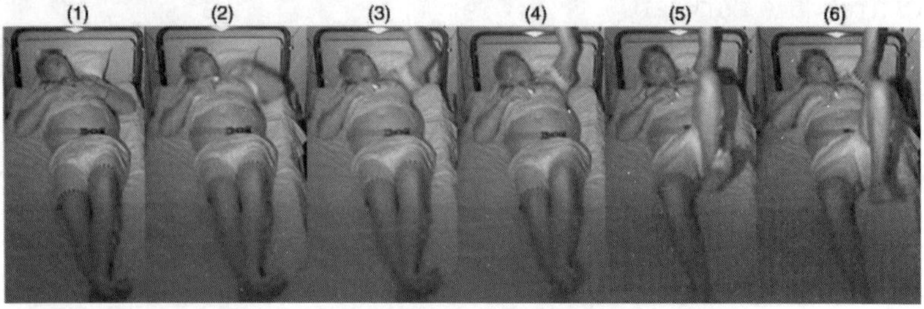

Figure 47 : Plongé en plein sommeil paradoxal, ce patient grimpe à une échelle au pays des songes.

Dans quelles circonstances cela se produit-il ? Autrement dit, qu'est-ce qui empêche le commutateur qui normalement nous paralyse pendant les rêves de fonctionner ?

Cela peut se produire de façon très ponctuelle sous l'effet de certains médicaments ou bien à l'occasion d'un sevrage alcoolique. Parfois la cause reste inconnue, mais la cause la plus fréquente est la maladie de Parkinson ou, occasionnellement, d'autres maladies dégénératives du système nerveux. D'ailleurs, ces troubles du sommeil peuvent se manifester plus de dix ans avant que les symptômes habituels (tremblements, ralentissement des mouvements, raideur musculaire) de la maladie de Parkinson n'apparaissent.

Est-ce la même chose que ce qu'on appelle le somnambulisme ?

Non, ce qu'on appelle le somnambulisme est, au sens strict, un autre type de trouble du sommeil. Il ne survient pas pendant le sommeil paradoxal, mais pendant le sommeil lent. Il touche des individus beaucoup plus jeunes que les troubles du comportement en sommeil paradoxal et présente une forte prédisposition familiale. Comme le nom l'indique, les somnambules déambulent souvent hors de leur lit, ce qui n'est pas le cas dans le sommeil paradoxal. Les épisodes de somnambulisme s'accompagnent parfois de rêves, mais c'est assez rare, et il s'agit alors de scènes très simples, dont le contenu est en général pénible et effrayant.

En pratique, que faut-il faire si l'on souffre de troubles du comportement en sommeil paradoxal ?

Le mieux est d'aller consulter un service spécialisé dans l'exploration du sommeil qui réalisera une polysomnographie. Pendant une nuit de sommeil, on va enregistrer en continu l'électroencéphalogramme, l'électrocardiogramme, l'activité musculaire, les mouvements des yeux, la respiration, la vidéo, bref, toute une série de paramètres, qui vont permettre de bien caractériser le genre de troubles du sommeil dont il s'agit.

Et sur quel traitement cela est-il susceptible de déboucher ?

La première chose, ce sont des mesures pratiques de bon sens, comme faire chambre ou lit à part le temps que les choses aillent mieux, dans les cas où l'intéressé est vraiment redoutable. On peut aussi disposer des coussins par terre autour du lit, supprimer tous les projectiles de la table de nuit, etc. De plus, certains médicaments permettent de réduire le problème, en particulier le clonazépam, un produit qu'on prescrit dans diverses autres circonstances – épilepsie, douleurs, anxiété par exemple.

Revenons-en aux mouvements des yeux. Vous nous disiez que ce sont les seuls mouvements normaux pendant le sommeil paradoxal. Sait-on s'ils correspondent au contenu de nos rêves, comme les mouvements du corps qu'on observe dans les troubles du comportement en sommeil paradoxal ? Autrement dit, bougeons-nous les yeux parce que nous regardons nos rêves ?

Cela semble plausible, mais bien difficile à prouver. Pour ainsi dire, la seule manière de procéder est d'enregistrer la direction des mouvements des yeux de sujets endormis, puis de les réveiller et de leur demander de raconter immédiatement le rêve qu'ils étaient en train de faire. C'est ce qu'ont fait pour la première fois Dement et Kleitman en 1957, avec des résultats anecdotiques, mais néanmoins intéressants. Par exemple, lors d'une phase de mouvements des yeux dans le sens vertical, un sujet rêvait qu'il se trouvait au pied d'une falaise, actionnant un treuil, et qu'il regardait alternativement vers les grimpeurs au-dessus de lui et vers la machinerie du treuil au-dessous de lui. Un autre rêvait qu'il grimpait sur une série d'échelles, regardant vers le haut et vers le bas. Au cours de mouvements horizontaux, un autre sujet rêvait de deux personnes se lançant mutuellement des tomates à la tête...

Cette méthode pour corréler mouvements des yeux et contenu des rêves est tout de même bien approximative... Y a-t-il moyen de faire autrement ?

Pas fondamentalement, mais dans une étude récente et ingénieuse, l'équipe d'Isabelle Arnulf, à la Salpêtrière, a étudié des patients souffrant de troubles du comportement en sommeil paradoxal afin d'avoir une confirmation objective du contenu de rêves associés à tels ou tels mouvements des yeux. En pratique, ils ont recueilli une série de dix-neuf « rêves agis » dont le contenu pouvait être interprété sans trop d'ambiguïté – par exemple saluer de la main une personne située à droite, monter à une échelle, attraper un objet situé à gauche, etc. Naturellement, les mouvements des yeux étaient enregistrés en permanence.

Et y avait-il un rapport entre la direction des mouvements des yeux et les actions (rêvées) en cours ?

Oui, 80 à 90 % des mouvements des yeux étaient dirigés dans la direction des gestes des patients, par exemple vers la gauche pendant que le patient faisait le geste de saisir un objet placé à sa gauche. Nous pouvons donc en conclure que, lorsque nous pénétrons, la nuit, dans le monde des rêves, nous y entrons en quelque sorte avec notre vrai corps, le même que celui que nous connaissons dans le monde de l'éveil, et pas comme des âmes désincarnées.

3.

Si j'avais un marteau

Vous allez nous révéler le secret le mieux gardé des neurologues : pourquoi ont-ils toujours un marteau dans la poche, et pourquoi s'acharnent-ils à nous taper dessus avec ?

Comme vous le savez sans doute, c'est ce qu'on appelle un marteau à réflexes. Il sert en effet à tester ce qu'on appelle les réflexes ostéo-tendineux. On connaît l'intérêt

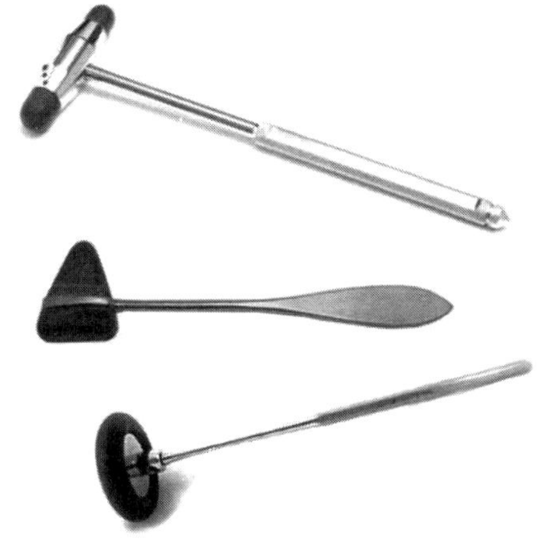

Figure 48 : Quelle que soit leur forme, ces marteaux servent à percuter les tendons et à déclencher les réflexes ostéo-tendineux.

médical de ce test depuis environ 1870 et, dès cette époque, les neurologues ont inventé toutes sortes de marteaux, à tête ronde, triangulaire ou cylindrique, pour les tester le mieux possible (figure 48).

Que sont donc ces réflexes ?

Si vous étirez brusquement un muscle, il va se contracter et ainsi s'opposer à l'étirement qu'il subit. Cette réaction simple a peut-être pour raison d'être d'empêcher que les muscles ne soient abîmés par un trop grand étirement ou bien d'aider à maintenir une posture stable. Quoi qu'il en soit, comment est-ce que cela fonctionne ? Il y a dans les muscles des détecteurs d'étirement. Quand vous tapez sur un tendon avec le marteau, par exemple sur celui qui est juste sous la rotule, le muscle est brusquement étiré, et ces détecteurs d'étirement sont excités. Ils envoient, *via* un nerf sensitif, un message vers la moelle épinière. Dans la moelle, le relais est pris directement par un nerf moteur, qui retourne de la moelle vers le muscle concerné, qui se contracte. Le réflexe est donc très rapide, juste le temps d'un aller-retour entre le muscle et la moelle.

Qu'est-ce que ces réflexes ont à voir avec l'expression « j'ai de bons réflexes » qu'on emploie pour dire qu'on sait bien conduire ou qu'on est capable de rattraper au vol une tasse en train de tomber d'une table ?

D'une manière générale, le mot « réflexe » désigne une action qui se fait en réponse à une stimulation, à un événement qui se produit dans le monde qui nous entoure, mais seulement quand il s'agit d'une action automatique, une action qui ne nous a pas demandé de réflexion consciente. Nous réagissons sans nous demander : « Je le fais ou pas ? Que dois-je faire ? » Évidemment, dans ce sens assez large, le terme de réflexe recouvre des réalités bien différentes. Certains réflexes n'ont aucun besoin du cerveau, et tout se décide aux étages inférieurs du système nerveux, comme un poulet qui une fois décapité continue de courir. C'est le cas des réflexes ostéo-tendineux dont nous parlons, qui prennent naissance dans la moelle épinière. D'ailleurs, ils continuent à fonctionner même si le cerveau est complètement hors service, comme chez les patients profondément comateux. D'autres réflexes prennent naissance dans le tronc cérébral, qui est l'étage intermédiaire entre la moelle et le cerveau. C'est par exemple le cas de la contraction automatique des pupilles lorsque les yeux sont éclairés. Et puis, si vous tenez à appeler encore cela des réflexes, il y a des comportements beaucoup plus élaborés, commandés au niveau du cerveau, et qui sont devenus automatiques à la suite d'un long entraînement. Par exemple, un bon conducteur va s'arrêter au feu rouge sans y penser une seule seconde, et même s'il bavarde avec son passager.

Tout cela est très bien, mais expliquez-nous maintenant à quoi sert au neurologue l'examen des réflexes ostéo-tendineux au moyen de son petit marteau…

Cet examen reste très important, même à l'heure de l'IRM et autres techniques sophistiquées. Je vais vous donner un exemple clinique un peu simplifié. Un homme se présente à l'hôpital. Depuis deux jours, il a de moins en moins de force dans les jambes et tient à peine debout. Vous l'examinez et, en effet, vous constatez que la force de ses jambes est très diminuée. La première chose est de savoir à quel niveau de son système nerveux se situe l'origine de la paralysie. En gros, il y a deux possibilités. Soit le problème vient des neurones qui se trouvent dans le cerveau, qui descendent jusque dans la moelle et qui envoient de cette façon à la moelle l'ordre de mouvement. Soit le problème vient des neurones de la moelle qui reçoivent cet ordre du cerveau et qui à leur tour l'envoient jusque dans les muscles. Bref, soit le problème est ce qu'on appelle « central », touchant les neurones du cerveau ou leur prolongement vers la moelle, soit il est « périphérique », touchant les nerfs à un moment ou un autre dans leur trajet entre la moelle et les muscles.

Les réflexes permettent de faire la différence entre ces deux mécanismes ?

Exactement. Si ce sont les neurones qui descendent du cerveau qui sont atteints, l'arc réflexe dont nous avons parlé, l'aller-retour entre muscle et moelle, continue à fonctionner et les réflexes sont présents. En fait, ils sont même anormalement vifs, parce que le cerveau a plutôt pour effet de diminuer la vivacité des réflexes, lesquels se trouvent donc exagérés quand le cerveau ne contrôle plus la moelle. C'est ce qui se passe par exemple dans les paralysies qui font suite à des accidents vasculaires cérébraux : les réflexes sont présents, souvent même plus qu'en temps normal.

Et comment sont les réflexes lorsque la paralysie est d'origine périphérique ?

Lorsqu'il y a une lésion des nerfs quelque part entre la moelle et les muscles, l'arc réflexe, l'aller-retour entre muscle et moelle dont nous avons parlé, est interrompu. Très naturellement, les réflexes disparaissent. C'est ce qui se passe par exemple dans les polynévrites, dans le syndrome de Guillain-Barré, etc.

Donc, selon l'état des réflexes, l'orientation médicale sera différente ?

Exactement. S'il s'agit d'un problème « central », on fera en priorité une IRM de la moelle ou du cerveau. Inversement, si c'est un problème périphérique, on pratiquera en priorité un examen électrique permettant d'explorer le fonctionnement des nerfs, comme un électromyogramme. Bref, ce type de réflexes ne sert à rien quand tout va bien, mais dès qu'apparaissent des problèmes neurologiques, ils deviennent un élément clé du diagnostic !

4.

Décalage horaire

Nous allons parler d'une situation à laquelle ont été confrontés ceux qui ont eu la chance de partir en vacances très loin de chez eux : le décalage horaire. D'abord, qu'est-ce qui est décalé et par rapport à quoi ?

Il faut rappeler une évidence : notre organisme obéit à des rythmes d'environ 24 heures. La preuve la plus évidente, c'est le fait que nous nous endormons tous les soirs et que nous nous réveillons tous les matins ; mais il existe d'autres fonctions de l'organisme qui obéissent à ces rythmes : par exemple, la température du corps qui descend toutes les nuits, puis remonte, la sécrétion de diverses hormones, ou encore la faim et la soif.

Et comment se fait-il que notre corps suive ce rythme parfait de 24 heures ?

La principale explication, c'est que nous avons en nous une pendule qui, de façon autonome, suit ce rythme, ce qui lui permet de nous réveiller et de nous endormir quand il le faut.

Sait-on dans quelle partie du corps est logée cette fameuse pendule ?

Chacune des cellules de notre corps a en elle-même une microscopique petite pendule, et plusieurs organes peuvent par conséquent suivre le rythme pour leur propre compte. Mais le grand chef d'orchestre, celui qui contrôle l'ensemble des rythmes de l'organisme, est une région précise située à la base du cerveau, que l'on nomme « noyau suprachiasmatique de l'hypothalamus ». Si, chez un animal, on retire ce noyau, tous les rythmes de l'organisme se désorganisent complètement ; le petit noyau, lui, même isolé dans une éprouvette, continue à fonctionner de façon cyclique.

Cette pendule intérieure située dans l'hypothalamus est-elle réglée sur 24 heures pile ?

Pas tout à fait. En moyenne, sa période est un peu plus longue, 24 heures plus 10 à 15 minutes. En réalité, cela dépend des gens : certains ont un cycle plutôt court et ont tendance à se coucher et à se lever tôt, ils sont « du matin » ; c'est bien sûr l'inverse chez ceux qui ont un cycle long, qui sont plutôt « du soir » et se lèvent tard.

Sait-on comment fonctionne cette pendule ?

Oui, on sait un certain nombre de choses à son propos. Par exemple, qu'elle n'est pas constituée de petites roues dentées et de ressorts, mais d'une combinaison de multiples gènes qui s'activent ou s'inhibent les uns les autres.

De façon très caricaturale, le gène 1 stimule le gène 2, qui stimule le gène 3, qui à son tour éteint le gène 1, ce qui éteint le gène 2, ce qui éteint le gène 3, ce qui stimule le gène 1, ce qui nous ramène au début du cycle. C'est ce cycle qui dure 24 heures, puis recommence. Point intéressant, tous les gènes impliqués existent sous différentes variantes, qui ne fonctionnent pas toutes de la même manière. Vous, moi, les uns et les autres, nous n'avons pas exactement les mêmes variantes de ces gènes, et c'est pourquoi nous n'avons pas tous les mêmes rythmes de sommeil. Pour prendre un exemple extrême, il existe une anomalie du sommeil qui se transmet de façon familiale, et qui est liée à une petite mutation d'un de ces gènes, nommé PER2. Les gens qui portent cette mutation ont un cycle de sommeil d'environ 23 heures au lieu de 24, ce qui fait qu'ils ont du mal à rester bien calés, et ont toujours tendance à se coucher et à se lever plus tôt qu'il ne faudrait.

Vous disiez tout à l'heure que, même chez les gens « normaux », le cycle de la pendule n'est pas exactement de 24 heures. Mais notre patron n'attend pas, nous devons aller travailler tous les jours exactement à la même heure, donc une pendule qui déraille plus ou moins ne fait pas l'affaire…

C'est pourquoi notre pendule doit être tous les jours recalée par des signaux extérieurs. Le principal signal, c'est la lumière. Le fameux noyau suprachiasmatique qui sert de pendule est connecté aux yeux, ce qui permet de se réajuster chaque jour au rythme du soleil. Bien sûr, notre réveille-matin aussi est un signal qui nous synchronise avec le monde extérieur.

Maintenant que nous savons comment cela fonctionne, revenons au décalage horaire. Que se passe-t-il si, à l'occasion d'un voyage, nous sautons d'un seul coup plusieurs fuseaux horaires ?

C'est bien simple, si nous sautons d'un seul coup plusieurs fuseaux horaires, qu'il y a une différence de plusieurs heures entre notre organisme (pour qui c'est l'heure de se lever) et le monde extérieur (où il est encore minuit), notre horloge intérieure ne peut pas instantanément se recaler. Il lui faut, en gros, une journée pour rattraper chaque heure de décalage.

Que peut-on faire pour faciliter ce processus ?

Si vous êtes un businessman et que vous vous rendez à New York pour deux jours, il vaut mieux rester à l'heure de Paris et fixer vos rendez-vous aux heures où vous êtes en forme, c'est-à-dire quand c'est le jour à Paris, et donc quand c'est le jour dans votre cerveau de Parisien.

Pour des voyages plus longs, que peut-on faire pour se caler le plus vite possible sur la nouvelle heure ?

Un bon vieux conseil, de loin le plus important : il faut se mettre tout de suite au rythme du pays d'arrivée, c'est-à-dire manger, se coucher, se lever à l'heure locale. Le reste est assez subtil et difficile à manipuler. En principe, il faudrait essayer de donner à notre cerveau les signaux de recalage juste au bon moment. Le premier signal, comme on l'a vu, c'est la lumière. Un autre signal de recalage, c'est la mélatonine, dont on a beaucoup entendu parler. C'est une hormone qui a, pour simplifier, un effet opposé à celui de la lumière. Prendre de la mélatonine, c'est un peu dire au cerveau : « La nuit arrive ! »

Prenons un exemple. Vous voyagez vers l'ouest, de la France vers les États-Unis. Que peut-on faire pour subir le moins possible les effets du décalage horaire ?

Vous voyagez vers l'ouest, donc le soleil voyage dans le même sens que votre avion. Pendant le vol, le temps continue à passer dans votre corps, alors que dans le monde qui vous entoure le temps ne passe plus, et vous arrivez presque à l'heure où vous êtes parti. Il faut donc faire retarder votre pendule cérébrale, essayer de la faire attendre. Pour lui faire comprendre que le soleil ne se couche pas encore, il faut s'exposer à la lumière tard le soir. Pour lui dire que le soleil ne se lève pas encore, il faut éviter la lumière le matin, et éventuellement prendre de la mélatonine tôt le matin, tout ça avant et après le vol. Toutefois, le succès n'est pas garanti…

5.

Le don de double vue

Nous allons parler du don de double vue. Ça n'a rien de magique, nous allons simplement discuter du fait que la plupart d'entre nous disposent de deux yeux pour voir. Bref, y a-t-il des avantages à avoir deux yeux plutôt qu'un seul ?

Un avantage trivial, c'est que chaque œil est un peu la roue de secours de l'autre. Contrairement au cyclope qu'Ulysse a rendu aveugle en lui crevant l'œil, si on perd un œil, on ne devient pas aveugle pour autant. Plus intéressant, le fait d'avoir deux yeux est important pour percevoir les distances et les reliefs, bref, pour voir en trois dimensions. En effet, nos deux yeux sont décalés de 10 cm et voient donc le monde de deux points de vue un peu différents. Ils forment deux images du monde distinctes. Faites une petite expérience : si vous mettez vos deux index exactement à la même distance devant vous, et que vous fermez un œil ou l'autre, vous verrez que l'écartement des deux doigts est exactement le même vu par les deux yeux. Par contre, si vous mettez un doigt plus près et l'autre plus loin, un œil les verra plus écartés et l'autre moins écartés (figure 49). Cette différence d'écartement entre les images formées par les deux yeux est un indice très précieux qui vous indique quel est le doigt le plus éloigné et quel est le plus proche. À 1 mètre de distance, nous sommes capables, sur la base de cette « disparité » entre les deux yeux, de voir lequel de deux objets est le plus proche, même quand le décalage n'est que de 1 mm. Tout cela est facile à vérifier, faites des essais avec vos doigts.

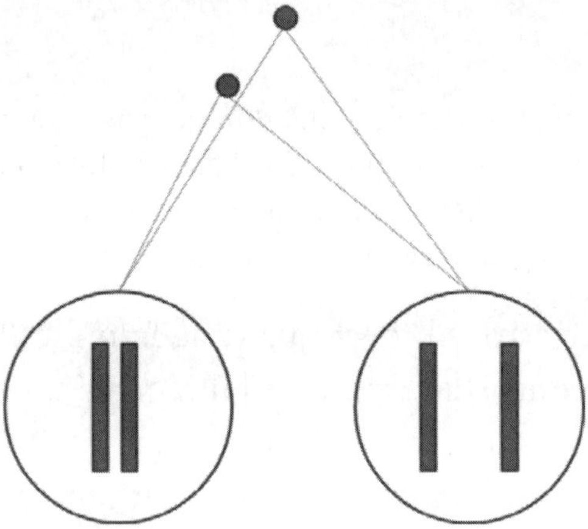

Figure 49 : Si l'œil gauche voit les deux objets plus serrés que l'œil droit, cela indique que l'objet de droite est plus éloigné.

Pourtant, les borgnes se débrouillent parfaitement bien dans la vie. Comment est-ce possible s'ils n'ont aucune perception des distances ni des reliefs ?

En effet, les borgnes ne vivent pas pour autant dans un monde plat. Je vous ai dit que la disparité entre les deux yeux est un indice important pour apprécier les distances, mais ce n'est heureusement pas le seul. D'ailleurs, les peintres ont repéré les autres indices depuis longtemps, qui leur permettent de suggérer la profondeur dans un tableau, un objet tout plat pour lequel la disparité entre les deux yeux ne joue pas. Ces indices ne sont toutefois pas toujours suffisants : essayez d'enfiler un fil dans le chas d'une aiguille en fermant un œil, et reparlons-en...

Plus concrètement, quels sont ces autres indices de distance pour lesquels un seul œil suffit ?

Ils sont nombreux. Par exemple, si un objet en cache partiellement un autre, c'est qu'il est devant. Par ailleurs, il y a des objets familiers dont vous connaissez la taille et qui peuvent servir de référence. Si vous voyez une carotte qui remplit la moitié de votre champ de vision, c'est que cette carotte est tout près. Autres indices, les textures, les couleurs. Si vous regardez l'arrière-plan de la *Joconde*, vous verrez que plus un plan est éloigné, plus ses couleurs sont estompées par les couches d'air qui s'interposent entre vous et cet endroit, ce que les artistes ont appelé l'effet de *sfumato*. Et puis vous pouvez vous déplacer, bouger un peu la tête, et obtenir comme cela des images venant de deux points de vue différents, un peu comme ce qui se passe normalement avec les deux yeux.

Revenons à la situation « normale », c'est-à-dire à la vision avec deux yeux. Comment deux images différentes venant des deux yeux permettent-elles de reconstruire un monde en trois dimensions ?

Ce ne sont plus les yeux, mais le cerveau qui fait le travail. Il se débrouille pour répondre à la question : où doivent être situés les objets dans le monde extérieur tridimensionnel pour que je reçoive précisément ces deux images en provenance de mes deux yeux ? Quant aux mécanismes neuronaux, je botte en touche : disons qu'il y a des laboratoires de neurophysiologie qui essaient de comprendre exactement comment les neurones font pour y arriver…

Lorsque nous louchons, nous voyons double. Autrement dit, à ce moment-là, les images qui proviennent des deux yeux ne se combinent plus pour faire une image unique du monde extérieur ?

Exactement. Le cerveau ne sait combiner les images que quand elles proviennent de deux yeux dont les mouvements sont bien coordonnés. Quand vous voulez regarder un objet qui se trouve à 20 cm à votre droite, vous n'avez pas à vous occuper séparément du déplacement de vos deux yeux. Les commandes sont parfaitement coordonnées pour que les yeux se déplacent de façon parallèle et si besoin convergent un peu si leur cible est placée tout près. Si ce système de contrôle ne fonctionne pas bien, le cerveau reçoit deux images qu'il ne peut pas combiner, et on voit double. C'est d'ailleurs un symptôme que les neurologues rencontrent fréquemment et qui s'appelle « diplopie ».

Et quelles sont les causes de la diplopie ?

Elles sont très nombreuses. Les lésions du cerveau lui-même ne donnent jamais de diplopie, parce que le cerveau se contente de commander – « regarder à droite, à gauche, en bas » –, et ne s'occupe pas des détails de la coordination des deux yeux. L'ordre concernant la direction générale est transmis au tronc cérébral, qui s'occupe d'harmoniser les mouvements de deux yeux. Par conséquent, ce sont des lésions du tronc cérébral qui peuvent être à l'origine d'une diplopie. Il peut s'agir, par exemple, chez les gens jeunes, d'une sclérose en plaques ou, chez les personnes âgées, d'un petit accident vasculaire. Mais il y a bien d'autres possibilités.

Par exemple ?

Certains nerfs qui partent du tronc cérébral et commandent les muscles qui se trouvent dans les orbites et font bouger les yeux. Là aussi, on peut trouver des causes de diplopie. Par exemple, le diabète peut endommager un des nerfs concernés, paralyser un des deux yeux, et donc empêcher les mouvements coordonnés. Autre exemple, la myasthénie, qui empêche la bonne communication entre les nerfs et les muscles des yeux. Et puis il y a les pathologies des muscles oculomoteurs eux-mêmes. Bref, tout ce qui empêche la bonne coordination des mouvements des deux yeux empêche le cerveau de synthétiser les deux images en une seule.

Se passe-t-il la même chose chez les gens qui souffrent d'un strabisme, les gens qui depuis leur enfance ont les yeux qui ne sont pas parallèles, soit qu'ils divergent, soit qu'ils convergent trop ?

Non, généralement ces personnes n'ont pas de diplopie. Quand le cerveau se développe en recevant en permanence des images incompatibles en provenance des deux yeux, il renonce purement et simplement à les fusionner. Chez certaines personnes qui ont un strabisme et qui utilisent toujours le même œil pour fixer ce qu'elles regardent, l'autre œil est complètement mis hors circuit par le cerveau. Cet œil ne voit pour ainsi dire plus, alors qu'il est normal. C'est ce qu'on appelle l'« amblyopie ». D'autres gens fixent tantôt avec un œil, tantôt avec l'autre. Chez eux, l'image qui vient de l'œil qui ne fixe pas est complètement négligée par le cerveau. Tout se passe comme lorsque vous regardez dans une longue-vue ou un microscope. Avec un peu d'habitude, vous n'avez pas besoin de fermer l'autre œil : l'image qu'il envoie au cerveau est complètement négligée et ne vous gêne même plus !

6.

La crampe des écrivains

La crampe des écrivains est une maladie neurologique assez particulière, qui se manifeste lorsqu'on écrit avec un stylo… Le problème apparaît en général à l'âge adulte et s'aggrave progressivement, parfois jusqu'à rendre l'écriture quasiment impossible. Souvent, les premiers mots ne posent pas de difficulté particulière, mais ensuite la main se crispe de plus en plus, jusqu'à se bloquer. Cette espèce de crampe s'étend fréquemment jusqu'en haut du bras et à l'épaule. On doit alors arrêter d'écrire, se détendre un peu, et tout redevient normal.

La crampe n'apparaît que lors de l'écriture, ou bien peut-elle survenir au cours de tous les gestes un peu précis de la main ?

Seulement au cours de l'écriture. C'est ce qu'on appelle techniquement une « dystonie de fonction ». Dystonie signifie « anomalie du tonus ». Le tonus, c'est le degré de contraction d'un muscle. Dans la crampe des écrivains, les muscles de la main ne sont pas paralysés, mais gênés par un état de contraction excessive et involontaire. Normalement, quand un muscle se contracte, le muscle qui s'oppose à lui se détend pour le laisser agir. Quand vous avez une crampe, c'est qu'il y a une contraction simultanée des muscles qui ferment les doigts et de ceux qui les ouvrent, de ceux qui plient le poignet et de ceux qui l'étendent, ce qui fait que la main se bloque complètement. Et on parle de dystonie de *fonction* parce que cette contraction n'apparaît qu'au cours d'une activité très précise, en l'occurrence au cours de l'écriture.

Je suppose donc qu'il y a d'autres genres de dystonies de fonction ?

Les plus classiques sont les dystonies de fonction qui touchent les musiciens. La main d'un violoniste ou d'un pianiste par exemple. La bouche d'un trompettiste ou d'un flûtiste peut aussi souffrir de dystonie, se contracter de telle manière qu'ils n'arrivent plus à former les sons. Ce n'est pas rare, et il arrive que des musiciens professionnels doivent abandonner leur carrière à cause d'une dystonie. L'illustre Robert Schumann, quand il avait une vingtaine d'années, était un pianiste très doué. Il a été saisi d'une frénésie de travail du piano et a commencé à souffrir d'une probable dystonie du troisième doigt de la main droite, ce qui l'a obligé à abandonner ses ambitions de virtuose. Il s'en est parfaitement remis en se dédiant à la composition. Il a d'ailleurs écrit une Toccata virtuose, qu'il est possible de jouer entièrement sans utiliser le troisième doigt. Mais il n'y a pas que les écrivains et les musiciens qui peuvent être affectés. Par exemple, les coiffeurs peuvent souffrir d'une dystonie qui les empêche d'utiliser leurs ciseaux.

Qu'y a-t-il donc de commun entre toutes ces actions, écrire, jouer d'un instrument, couper les cheveux ?

Ce qu'elles ont de commun, c'est la réalisation répétée à l'infini d'un même geste extrêmement précis. La répétition est à la base de l'apprentissage d'un savoir-faire, par exemple musical. Le cerveau est un organe plastique, et cette répétition modifie le fonctionnement cérébral de façon à permettre l'apprentissage. Par exemple, on sait que la région du cortex responsable du contrôle de la main peut s'étendre chez des musiciens qui ont beaucoup pratiqué. Dans la dystonie, cette plasticité

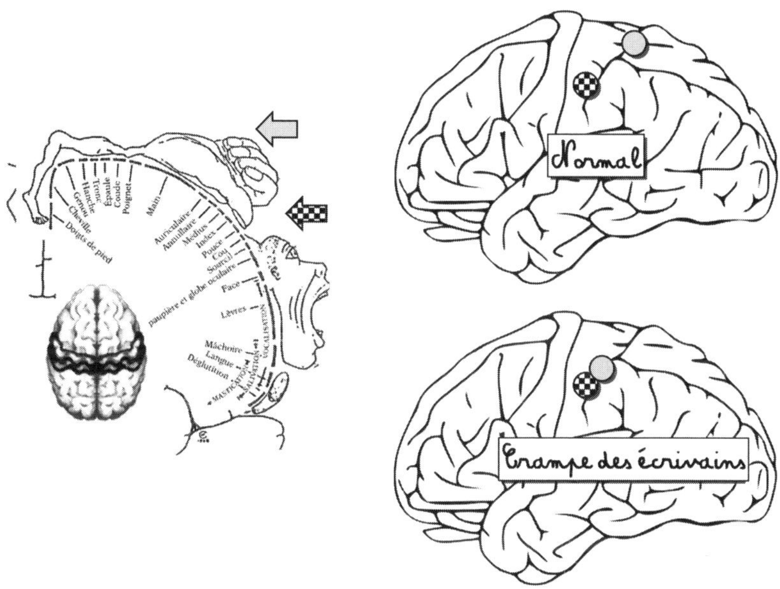

Figure 50 : Sur l'homunculus cortical, les doigts de la main sont normalement bien distincts les uns des autres, notamment le petit doigt (gris) et le pouce (damiers). Dans la crampe des écrivains, ces régions se chevauchent et perdent leur différenciation.

« déraille », va trop loin et finit par empêcher la réalisation même du geste.

Et connaît-t-on les mécanismes de la plasticité cérébrale qui « déraillent » dans la crampe des écrivains ?

Les différentes parties du corps sont contrôlées par différentes régions du cortex, de sorte qu'il y a une sorte de carte du corps dessinée sur le cortex, qu'on appelle un *homunculus* (« petit bonhomme » en latin). Notamment, les doigts sont représentés de façon bien distincte à la surface du cortex, le petit doigt à une certaine distance du pouce (figure 50). C'est ce qui permet de faire bouger l'un et pas l'autre. Chez des patients qui souffrent d'une dystonie de la main, les régions du cortex qui représentent les différents doigts se superposent et se confondent. Cette perte de la distinction fine que fait normalement le cerveau entre les doigts est une des explications de la crampe. Vous devez effectuer un petit geste précis avec tel ou tel doigt, et vous obtenez une grosse contraction globale de la main.

Pourtant beaucoup de gens écrivent, et très peu souffrent de la crampe des écrivains. Pourquoi ?

Certains facteurs, notamment génétiques, y prédisposent. Il arrive plus souvent que le hasard ne le voudrait que plusieurs membres d'une même famille rencontrent des problèmes de dystonie.

Comment soigne-t-on la crampe des écrivains ?

Ce n'est pas facile. La première chose à faire, c'est de changer ses habitudes d'écriture. Certains patients vont jusqu'à abandonner leur main droite et apprennent à écrire de la main gauche ! Il existe d'autres moyens, moins radicaux mais fort utiles, comme écrire avec de très gros stylos, ou avec des stylos qui n'ont pas la forme habituelle. On peut aussi bien sûr utiliser un clavier. Bref, il y a diverses techniques de rééducation, qui doivent être mises en œuvre par des professionnels qui ont l'expérience de cette maladie particulière. En la matière, une mauvaise rééducation peut faire plus de mal que de bien.

Existe-t-il un médicament efficace ?

Comprimés et gouttes ne marchent pour ainsi dire pas. En revanche, on peut utiliser la toxine botulique (le fameux Botox) pour détendre certains des muscles impliqués dans la crampe. Enfin, des études se sont penchées sur l'intérêt des stimulations électriques intracérébrales, un peu comme dans la maladie de Parkinson. C'est le principal traitement des dystonies généralisées, qui touchent l'ensemble du corps et qui sont responsables de terribles handicaps. La place de ces stimulations dans la stratégie de traitement de la crampe des écrivains n'est pas encore bien établie.

7.

Je ne peux pas vous sentir

Un aveugle ne voit pas, un sourd n'entend pas, mais comment appelle-t-on quelqu'un qui ne sent pas les odeurs ?

Un anosmique. L'anosmie est un peu le parent pauvre de l'examen neurologique. On s'assure toujours qu'il n'y a pas de troubles de la vue et de l'audition, mais on oublie souvent l'olfaction, qui n'est d'ailleurs pas très facile à examiner. Voyons d'abord comment fonctionne en gros la perception des odeurs. Les molécules entrent dans votre nez et passent dans vos fosses nasales. Tout en haut de ces dernières se trouvent des neurones très particuliers, qui sont d'ailleurs parmi les seuls neurones qui continuent à se multiplier à l'âge adulte. Ils portent à leur surface de grosses protéines qu'on appelle des récepteurs, parce que les molécules odorantes vont se fixer dessus. Ces récepteurs sont un peu comme des serrures, et les molécules que vous sentez servent en quelque sorte de clés. Nous avons au moins 1 000 espèces de récepteurs différents, 1 000 espèces de serrures, et les molécules odorantes vont se fixer plus ou moins bien sur les différentes serrures, en fonction de leur forme. C'est grâce à cette multiplicité de récepteurs que nous pouvons distinguer peut-être 100 000 odeurs différentes, et sans doute dix fois plus chez certains animaux.

Une fois que la clé est dans la serrure, que les molécules odorantes se sont fixées au fond des fosses nasales, que se passe-t-il ?

De petits filets nerveux partent de ces neurones olfactifs et pénètrent dans le crâne en passant à travers une sorte de passoire, un os très fin percé de petits trous, situé juste au-dessus du nez (cet os s'appelle d'ailleurs ethmoïde, ce qui signifie « en forme de passoire » en grec...). Le nerfs se connectent alors aux bulbes olfactifs, qui sont de petits appendices placés juste sous le cerveau. De là, l'information olfactive est conduite au cerveau proprement dit, à des régions spécialisées dans l'analyse des odeurs. Ces régions olfactives du cerveau sont des régions très archaïques, qui n'ont pas tellement changé depuis des centaines de millions d'années, et qui ont des rapports étroits avec les systèmes qui s'occupent de la mémoire et des émotions. Pensez à la madeleine de Marcel Proust...

Quels sont les anomalies de la perception des odeurs qu'un neurologue peut rencontrer ?

Le plus fréquent est sans doute l'anosmie, c'est-à-dire la perte pure et simple de la perception des odeurs. Mais il existe aussi des symptômes plus subtils aux noms parfois curieux. Les odeurs peuvent sembler modifiées (dysosmie, cacosmie), ou bien on peut percevoir des odeurs totalement inexistantes (phantosmie).

Quelles sont les causes de la perte de l'odorat ?

Elles sont multiples. Au cours du vieillissement normal, il est fréquent que l'odorat diminue. À 80 ans, les trois quarts des gens l'ont perdu en partie. En plus de cela, certaines maladies dégénératives qui surviennent surtout chez les personnes âgées peuvent toucher ce sens. C'est le cas en particulier de la maladie de Parkinson, où la baisse de l'odorat est quasi systématique et peut précéder de longues années l'apparition des symptômes classiques, tremblements ou raideur des mouvements. La maladie d'Alzheimer elle aussi peut s'accompagner d'une baisse très précoce de l'odorat. Dans ces cas, ce sont les systèmes cérébraux d'analyse des odeurs qui sont touchés.

Je suppose que la perte de l'odorat peut trouver sa cause avant l'entrée dans le cerveau, au niveau des fosses nasales, du bulbe olfactif, etc. ?

Bien sûr. Il arrive qu'un simple rhume se complique d'une anosmie si les neurones olfactifs sont totalement détruits, au point de ne pouvoir se régénérer. Je ne parle pas de la perte d'odorat transitoire qui se produit quand vous avez le nez bouché, mais d'une anosmie complète et définitive qui peut compliquer un rhume, sans qu'il y ait malheureusement grand-chose à faire. Par ailleurs, les neurones olfactifs peuvent aussi être endommagés par divers toxiques, comme le tabac, ou par des médicaments, notamment les chimiothérapies. Au-delà des neurones olfactifs des fosses nasales, je vous ai parlé des petits filets nerveux qui entrent dans le crâne à travers une passoire osseuse. Les traumatismes crâniens sont une cause très fréquente d'anosmie. Si vous prenez un coup sur la tête, même si c'est à l'arrière de celle-ci, votre cerveau va bouger brusquement dans votre crâne, et ce mouvement risque de cisailler les nerfs olfactifs, juste à leur passage à travers cette passoire osseuse.

Une fois entrés dans le crâne à travers cette passoire, les nerfs de l'olfaction n'ont toutefois pas échappé à tout danger...

En effet. Toutes les lésions qui touchent l'avant du crâne peuvent les endommager. Vous pouvez voir sur la figure 51 une grosse tumeur bénigne des méninges (un méningiome), qui se trouve plantée juste à l'endroit où les nerfs

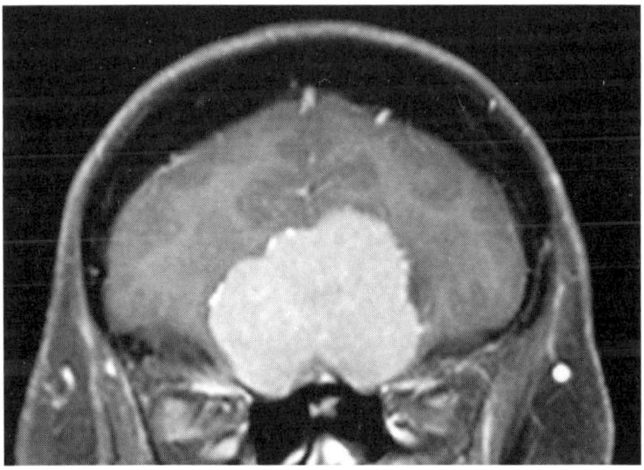

Figure 33 : La grosse masse gris clair est un méningiome placé au-dessus des fosses nasales et qui endommage les nerfs olfactifs à leur entrée dans le crâne.

olfactifs essaient d'entrer dans le crâne. Naturellement, l'anosmie est un symptôme commun dans ce genre de situation.

Et y a-t-il des anosmies congénitales, des gens qui, depuis leur naissance, n'ont jamais senti les odeurs ?

C'est fort rare, mais cela existe, en particulier dans le cadre d'anomalies génétiques. Par exemple, le syndrome de Kallmann combine une anosmie congénitale et un défaut de développement sexuel à la puberté. En effet, les neurones olfactifs des fosses nasales ont la même origine, au cours du développement, que les neurones qui contrôlent la production des hormones sexuelles. Dans le syndrome de Kallmann, des mutations rendent inefficaces certains gènes qui permettent la mise en place de ces deux familles de neurones.

Pour finir, est-ce que c'est grave, docteur, de devenir anosmique ?

Ce n'est pas grave en soi, sauf si cela empêche de sentir une fuite de gaz, mais c'est bien triste. L'anosmie empêche notamment de percevoir la saveur des aliments, mais aussi de sentir les gens, avec (peut-être) un retentissement social et amoureux.

Références bibliographiques

I. Histoires de mémoire

1. Une amnésie romanesque : le voyageur sans bagages

Le Naour J.-Y., *Le Soldat inconnu vivant*, Paris, Hachette Littératures, 2008.

Giraudoux J., *Siegfried et le Limousin*, Paris, Grasset, 1922, 1989.

Anouilh J., *Le Voyageur sans bagages*, Paris, Gallimard, 1937, 2000.

Anderson M. C., Ochsner K. N., Kuhl B., Cooper J., Robertson E., Gabrieli S. W. *et al.*, « Neural systems underlying the suppression of unwanted memories », *Science*, 2004, 303, p. 232-235.

Kikuchi H., Fujii T., Abe N., Suzuki M., Takagi M., Mugikura S. *et al.*, « Memory repression : Brain mechanisms underlying dissociative amnesia », *J. Cogn. Neurosci.*, 2010, 22, p. 602-613.

2. Une mémoire à éclipses

Bartsch T., Deuschl G., « Transient global amnesia : Functional anatomy and clinical implications », *Lancet Neurol.*, 2010, 9, p. 205-214.

Quinette P., Guillery-Girard B., Dayan J., de la Sayette V., Marquis S., Viader F. *et al.*, « What does transient global amnesia really mean ? Review of the literature and thorough study of 142 cases », *Brain*, 2006, 129, p. 1640-1658.

3. L'amnésie infantile, ou les souvenirs au berceau

Bauer P. J., « Constructing a past in infancy : A neuro-developmental account », *Trends Cogn. Sci.*, 2006, 10, p. 175-181.

Morrison C. M., Conway M. A., « First words and first memories », *Cognition*, 2010, 116, p. 23-32.

Conway M. A., Pleydell-Pearce C. W., « The construction of autobiographical memories in the self-memory system », *Psychol. Rev.*, 2000, 107, p. 261-288.

4. On ne s'est pas déjà vus quelque part ?

Bancaud J., Brunet-Bourgin F. *et al.*, « Anatomical origin of déjà-vu and vivid "memories" in human temporal lobe epilepsy », *Brain*, 1994, 117 (Pt 1), p. 71-90.

Brown A. S. « A review of the déjà-vu experience », *Psychol. Bull.*, 2003, 129 (3), p. 394-413.

Bergson H. « Le Souvenir du présent et la fausse reconnaissance », *La Revue philosophique,* 1908.

5. Les records d'une tête de linotte

Lucas J. R., Brodin A. *et al.*, « Does hippocampal size correlate with the degree of caching specialization ? », *Proc. Biol. Sci.*, 2004, 271 (1556), p. 2423-2429.

Clayton N. S. et Dickinson A., « Scrub jays (*Aphelocoma coerulescens*) remember the relative time of caching as well as the location and content of their caches », *J. Comp. Psychol.*, 1999, 113 (4), p. 403-416.

Clayton N. S., Bussey T. J. *et al.*, « Can animals recall the past and plan for the future ? », *Nat. Rev. Neurosci.*, 2003, 4 (8), p. 685-691.

6. La mémoire d'une vieille éléphante

Plotnik J. M., de Waal F. B. *et al.*, « Self-recognition in an Asian elephant », *Proc. Natl. Acad. Sci. USA*, 2006, 103 (45), p. 17053-17057.

Hart B. L., Hart L. A. *et al.*, « Large brains and cognition : Where do elephants fit in ? », *Neurosci. Biobehav. Rev.*, 2008, 32 (1), p. 86-98.

Hakeem A. Y., Hof P. R. *et al.*, « Brain of the African elephant (*Loxodonta africana*) : Neuroanatomy from magnetic resonance images », *Anat. Rec. A Discov. Mol. Cell. Evol. Biol.*, 2005, 287 (1), p. 1117-1127.

7. Nouveaux neurones, nouvelle mémoire ?

Coras R., Siebzehnrubl F. A., Pauli E., Huttner H. B., Njunting M., Kobow K., Villmann C., Hahnen E., Neuhuber W., Weigel D., Buchfelder M., Stefan H., Beck H., Steindler D. A., Blumcke I., « Low proliferation and differentiation capacities of adult hippocampal stem cells correlate with memory dysfunction in humans », *Brain*, 2010, 133, p. 3359-3372.

8. Les souvenirs à livre ouvert ?

Chadwick M. J., Hassabis D., Weiskopf N., Maguire E. A., « Decoding individual episodic memory traces in the human hippocampus », *Curr. Biol.*, 2010, 20, p. 544-547.

Hassabis D., Chu C., Rees G., Weiskopf N., Molyneux P. D., Maguire E. A., « Decoding neuronal ensembles in the human hippocampus », *Curr. Biol.*, 2009, 19, p. 546-554.

9. Frousse salutaire et mauvais souvenirs

Phelps E. A., LeDoux J. E., « Contributions of the amygdala to emotion processing : From animal models to human behavior », *Neuron*, 2005, 48, p. 175-187.

Bechara A., Tranel D., Damasio H., Adolphs R., Rockland C., Damasio A. R., « Double dissociation of conditioning and declarative knowledge relative to the amygdala and hippocampus in humans », *Science*, 1995, 269, p. 1115-1118.

Dolcos F., LaBar K. S., Cabeza R., « Interaction between the amygdala and the medial temporal lobe memory system predicts better memory for emotional events », *Neuron*, 2004, 42, p. 855-863.

10. Des souvenirs d'enfer

Schiller D., Monfils M. H., Raio C. M., Johnson D. C., Ledoux J. E., Phelps E. A., « Preventing the return of fear in humans using reconsolidation update mechanisms », *Nature*, 2010, 463, p. 49-53.

11. L'histoire du soldat

Admon R., Lubin G., Stern O., Rosenberg K., Sela L., Ben-Ami H., Hendler T., « Human vulnerability to stress depends on amygdala's predisposition and hippocampal plasticity », *Proc. Natl. Acad. Sci. USA*, 2009, 106, p. 14120-14125.

Rasch B., Spalek K., Buholzer S., Luechinger R., Boesiger P., Papassotiropoulos A., de Quervain D. J., « A genetic variation of the noradrenergic system is related to differential amygdala activation during encoding of emotional memories », *Proc. Natl. Acad. Sci. USA*, 2009, 106, p. 19191-19196.

12. Les enfants maltraités

Franklin T. B., Russig H., Weiss I. C., Graff J., Linder N., Michalon A., Vizi S., Mansuy I. M., « Epigenetic transmission of the impact of early stress across generations », *Biol. Psychiatry*, 2010, 68, p. 408-415.

McGowan P. O., Sasaki A., D'Alessio A. C., Dymov S., Labonte B., Szyf M., Turecki G., Meaney M. J., « Epigenetic regulation of the glucocorticoid receptor in human brain associates with childhood abuse », *Nat. Neurosci.*, 2009, 12, p. 342-348.

Oberlander T. F., Weinberg J., Papsdorf M., Grunau R., Misri S., Devlin A. M., « Prenatal exposure to maternal depression, neonatal methylation of human glucocorticoid receptor gene (NR3C1) and infant cortisol stress responses », *Epigenetics*, 2008, 3, p. 97-106.

Lupien S. J., Parent S., Evans A. C., Tremblay R. E., Zelazo P. D., Corbo V., Pruessner J. C., Seguin J. R., « Larger amygdala but no change in hippocampal volume in 10-year-old children exposed to maternal depressive symptomatology since birth », *Proc. Natl. Acad. Sci. USA,* 2011, 108, p. 14324-14329.

II. Histoires d'enfants

1. Les bébés à deux langues

Werker J. F., Byers-Heinlein K., « Bilingualism in infancy : First steps in perception and comprehension », *Trends Cogn. Sci.*, 2008, 12, p. 144-151.

Ramus F., Nespor M., Mehler J., « Correlates of linguistic rhythm in the speech signal », *Cognition*, 1999, 73, p. 265-292.

Kovacs A. M., Mehler J., « Cognitive gains in 7-month-old bilingual infants », *Proc. Natl. Acad. Sci. USA*, 2009, 106, p. 6556-6560.

2. Les enfants de la télé

Christakis D. A., « The effects of infant media usage : What do we know and what should we learn ? », *Acta Paediatr.*, 2009, 98, p. 8-16.

3. Les filles (ne) sont (pas) nulles en maths

Guiso L., Monte F., Sapienza P., Zingales L., « Diversity. Culture, gender, and math », *Science,* 2008, 320, p. 1164-1165.

Hyde J. S., Mertz J. E., « Gender, culture, and mathematics performance », *Proc. Natl. Acad. Sci. USA,* 2009, 106, p. 8801-8807.

Hart S. A., Petrill S. A., Thompson L. A., Plomin R., « The ABCs of math : A genetic analysis of mathematics and its links with reading ability and general cognitive ability », *J. Educ. Psychol.,* 2009, 101, p. 388.

4. Les gènes et l'instituteur

Taylor J., Roehrig A. D., Soden Hensler B., Connor C. M., Schatschneider C., « Teacher quality moderates the genetic effects on early reading », *Science,* 2010, 328, p. 512-514.

Nation K., « Reading and genetics : An introduction », *Journal of Research in Reading*, 2006, 29, p. 1-10.

5. Idiots savants et savants idiots

Treffert D. A., « The savant syndrome : An extraordinary condition. A synopsis : Past, present, future », *Philos. Trans. R. Soc. Lond. B. Biol. Sci.,* 2009, 364, p. 1351-1357.

Mottron L., Dawson M., Soulieres I., Hubert B., Burack J., « Enhanced perceptual functioning in autism : An update, and eight principles of autistic perception », *J. Autism Dev. Disord.,* 2006, 36, p. 27-43.

Cowan R., Carney D. P., « Calendrical savants : Exceptionality and practice », *Cognition,* 2006, 100, p. B1-9.

6. Les bienfaits des jeux vidéo

Green C. S., Bavelier D., « Action video game modifies visual selective attention », *Nature*, 2003, 423, p. 534-537.

Green C. S., Bavelier D., « Exercising your brain : A review of human brain plasticity and training-induced learning », *Psychol. Aging,* 2008, 23, p. 692-701.

7. Douze bonbons valent mieux que quatre

Mehler J., Bever T. G., « Cognitive capacity of very young children », *Science*, 1967, 158, p. 141-142.

Izard V., Sann C., Spelke E. S., Streri A., « Newborn infants perceive abstract numbers », *Proc. Natl. Acad. Sci. USA*, 2009, 106, p. 10382-10385.

8. La dyscalculie, cette inconnue

Isaacs E. B., Edmonds C. J., Lucas A., Gadian D. G., « Calculation difficulties in children with a very low birthweight. A neural correlate », *Brain*, 2001, 124, p. 1701-1707.

Molko N., Cachia A., Riviere D., Mangin J. F., Bruandet M., Le Bihan D., Cohen L., Dehaene S., « Functional and structural alterations of the intraparietal sulcus in a developmental dyscalculia of genetic origin », *Neuron*, 2003, 40, p. 847-858.

9. Un long hiver à Amsterdam

De Rooij S. R., Wouters H., Yonker J. E., Painter R. C., Roseboom T. J., « Prenatal undernutrition and cognitive function in late adulthood », *Proc. Natl. Acad. Sci. USA,* 2010, 107, p. 16881-16886.

III. Histoires morales et dégoûtantes

1. Je me mets à votre place !

Hein G., Singer T., « I feel how you feel but not always : The empathic brain and its modulation », *Curr. Opin. Neurobiol.*, 2008, 18, p. 153-158.

Kiehl K. A., « A cognitive neuroscience perspective on psychopathy : Evidence for paralimbic system dysfunction », *Psychiatry Res.*, 2006, 142, p. 107-128.

Baron-Cohen S., Leslie A. M., Frith U., « Does the autistic child have a "theory of mind" ? », *Cognition*, 1985, 21, p. 37-46.

2. Le délit de sale gueule

Chapman H. A., Kim D. A., Susskind J. M., Anderson A. K., « In bad taste : Evidence for the oral origins of moral disgust », *Science*, 2009, 323, p. 1222-1226.

Schnall S., Haidt J., Clore G. L. et Jordan A. H., « Disgust as embodied moral judgment », *Personality and Social Psychology Bulletin*, 2008, 34, p. 1096-1109.

3. Dans le jardin du bien et du mal

Young L., Camprodon J. A., Hauser M., Pascual-Leone A., Saxe R., « Disruption of the right temporoparietal junction with transcranial magnetic stimulation reduces the role of beliefs in moral judgments », *Proc. Natl. Acad. Sci. USA*, 2010, 107, p. 6753-6758.

Saxe R., Kanwisher N., « People thinking about thinking people. The role of the temporo-parietal junction in "theory of mind" », *Neuroimage*, 2003, 19, p. 1835-1842.

4. Le petit déjeuner du juge

Danziger S., Levav J. et Avnaim-Pesso L., « Extraneous factors in judicial decisions », *Proc. Natl. Acad. Sci. USA*, 2011, 108, p. 6889-6892.

5. Le rire est le propre des rats et des gorilles

Parr L. A., Waller B. M., « Understanding chimpanzee facial expression : Insights into the evolution of communication », *Soc. Cogn. Affect. Neurosci.*, 2006, 1, p. 221-228.

Meyer M., Baumann S., Wildgruber D., Alter K., « How the brain laughs. Comparative evidence from behavioral, electrophysiological and neuroimaging studies in human and monkey », *Behav. Brain Res.*, 2007, 182, p. 245-260.

Panksepp J., « Neuroevolutionary sources of laughter and social joy : Modeling primal human laughter in laboratory rats », *Behav. Brain Res.*, 2007, 182, p. 231-244.

Watson K. K., Matthews B. J., Allman J. M., « Brain activation during sight gags and language-dependent humor », *Cereb. Cortex*, 2007, 17, p. 314-324.

Ross M. D., Owren M. J., Zimmermann E., « The evolution of laughter in great apes and humans », *Commun. Integr. Biol.*, 2010, 3, p. 191-194.

6. Ponce Pilate et les neurosciences

Lee S. W., Schwarz N., « Washing away postdecisional dissonance », *Science*, 2010, 328, p. 709.

Zhong C. B., Liljenquist K., « Washing away your sins : Threatened morality and physical cleansing », *Science*, 2006, 313, p. 1451-1452.

Schnall S., Benton J., Harvey S., « With a clean conscience : Cleanliness reduces the severity of moral judgments », *Psychol. Sci.*, 2008, 19, p. 1219-1222.

IV. Histoires de voir

1. Le lapin-canard et l'invisible dalmatien

Kavsek M., Granrud C. E., Yonas A., « Infants' responsiveness to pictorial depth cues in preferential-reaching studies : A meta-analysis », *Infant Behav. Dev.*, 2009, 32, p. 245-253.

Imura T., Tomonaga M., « Perception of depth from shading in infant chimpanzees (*Pan troglodytes*) », *Anim. Cogn.*, 2003, 6, p. 253-258.

2. BA + GA = DA, ou l'effet McGurk

McGurk H., MacDonald J., « Hearing lips and seeing voices », *Nature*, 1976, 264, p. 746-748.

Beauchamp M. S., Nath A. R., Pasalar S., « fMRI-Guided transcranial magnetic stimulation reveals that the superior temporal sulcus is a cortical locus of the McGurk effect », *J. Neurosci.*, 2010, 30, p. 2414-2417.

3. Une main en caoutchouc

Moseley G. L., Olthof N., Venema A., Don S., Wijers M., Gallace A., Spence C., « Psychologically induced cooling of a specific body part caused by the illusory ownership of an artificial counterpart », *Proc. Natl. Acad. Sci. USA*, 2008, 105, p. 13169-13173.

Ehrsson H. H., Wiech K., Weiskopf N., Dolan R. J., Passingham R. E., « Threatening a rubber hand that you feel is yours elicits a cortical anxiety response », *Proc. Natl. Acad. Sci. USA*, 2007, 104, p. 9828-9833.

4. Échange de visages

Tsakiris M., « Looking for myself : Current multisensory input alters self-face recognition », *PLoS One*, 2008, 3, p. e4040.

Sforza A., Bufalari I., Haggard P., Aglioti S. M., « My face in yours : Visuo-tactile facial stimulation influences sense of identity », *Soc. Neurosci.*, 2010, 5, p. 148-162.

5. Sortie du corps et voyage astral

Lenggenhager B., Tadi T., Metzinger T., Blanke O., « *Video ergo sum* : Manipulating bodily self-consciousness », *Science*, 2007, 317, p. 1096-1099.

Blanke O., Metzinger T., « Full-body illusions and minimal phenomenal selfhood », *Trends Cogn. Sci.*, 2009, 13, p. 7-13.

Heydrich L., Dieguez S., Grunwald T., Seeck M., Blanke O., « Illusory own body perceptions : Case reports and relevance for bodily self-consciousness », *Conscious Cogn.*, 2010, 19, p. 702-710.

Stratton G. M., « The spatial harmony of touch and sight », *Mind*, 1899, 8 (32), p. 492-505.

6. Le cerveau des aveugles

Rombaux P., Huart C., De Volder A. G., Cuevas I., Renier L., Duprez T., Grandin C., « Increased olfactory bulb volume and olfactory function in early blind subjects », *Neuroreport*, 2010, 21, p. 1069-1073.

Renier L. A., Anurova I., De Volder A. G., Carlson S., VanMeter J., Rauschecker J. P., « Preserved functional specialization for spatial processing in the middle occipital gyrus of the early blind », *Neuron*, 2010, 68, p. 138-148.

Hamilton R., Keenan J. P., Catala M., Pascual-Leone A., « Alexia for Braille following bilateral occipital stroke in an early blind woman », *Neuroreport*, 2000, 11, p. 237-240.

V. Autres histoires de cerveau

1. Le cerveau multitâche

Ophir E., Nass C., Wagner A. D., « Cognitive control in media multitaskers », *Proc. Natl. Acad. Sci. USA*, 2009, 106, p. 15583-15587.

2. Le four et le moulin

Charron S, Koechlin E., « Divided representation of concurrent goals in the human frontal lobes », *Science*, 2010, 328, p. 360-363.

3. Ce que la lecture change dans le cerveau

Dehaene S., Pegado F., Braga L. W., Ventura P., Nunes Filho G., Jobert A., Dehaene-Lambertz G., Kolinsky R., Morais J., Cohen L., « How learning to read changes the cortical networks for vision and language », *Science*, 2010, 330, p. 1359-1364.

4. Cerveau de gauche, cerveau de droite : une question politique

Kanai R., Feilden T., Firth C., Rees G., « Political orientations are correlated with brain structure in young adults », *Curr. Biol.*, 2011, 21, p. 677-680.

VI. Histoires de médecine et choses utiles

1. Imagination et maladie d'Alzheimer

Raichle M. E., « Two views of brain function », *Trends Cogn. Sci.*, 2010, 14, p. 180-190.

Buckner R. L., Carroll D. C., « Self-projection and the brain », *Trends Cogn. Sci.*, 2007, 11, p. 49-57.

Christoff K., Gordon A. M., Smallwood J., Smith R., Schooler J. W., « Experience sampling during fMRI reveals default network and executive system contributions to mind wandering », *Proc. Natl. Acad. Sci. USA*, 2009, 106, p. 8719-8724.

Bero A. W., Yan P., Roh J. H., Cirrito J. R., Stewart F. R., Raichle M. E., Lee J. M., Holtzman D. M., « Neuronal activity regulates the regional vulnerability to amyloid-beta deposition », *Nat. Neurosci.*, 2011, 14, p. 750-756.

Buckner R. L., Snyder A. Z., Shannon B. J., LaRossa G., Sachs R., Fotenos A. F., Sheline Y. I., Klunk W. E., Mathis C. A., Morris J. C., Mintun M. A., « Molecular, structural, and functional characterization of Alzheimer's disease : Evidence for a relationship between default activity, amyloid, and memory », *Journal of Neuroscience*, 2005, 25, p. 7709-7717.

2. Comme un chat somnambule

Oudiette D., Leu S., Pottier M., Buzare M. A., Brion A., Arnulf I., « Dreamlike mentations during sleepwalking and sleep terrors in adults », *Sleep*, 2009, 32, p. 1621-1627.

Leclair-Visonneau L., Oudiette D., Gaymard B., Leu-Semenescu S., Arnulf I., « Do the eyes scan dream images during rapid eye movement sleep ? Evidence from the rapid eye movement sleep behaviour disorder model », *Brain*, 2010, 133, p. 1737-1746.

Boeve B. F., « REM sleep behavior disorder : Updated review of the core features, the REM sleep behavior disorder-neurodegenerative disease association, evolving concepts, controversies, and future directions », *Ann. NY Acad. Sci.*, 2010, 1184, p. 15-54.

3. Si j'avais un marteau

Bonduelle M., « L'invention des réflexes tendineux : Erb Westphal, 1875 », *Revue neurologique*, 2000, 156, p. 427-429.

4. Décalage horaire

Arendt J., « Managing jet lag : Some of the problems and possible new solutions », *Sleep Med. Rev.*, 2009, 13, p. 249-256.

Albrecht U., Eichele G., « The mammalian circadian clock », *Curr. Opin. Genet. Dev.*, 2003, 13, p. 271-277.

5. Le don de double vue

Parker A. J., « Binocular depth perception and the cerebral cortex », *Nat. Rev. Neurosci.*, 2007, 8, p. 379-391.

6. La crampe des écrivains

Torres-Russotto D., Perlmutter J. S., « Task-specific dystonias : A review », *Ann. NY Acad. Sci.*, 2008, 1142, p. 179-199.

Altenmüller E., « Robert Schumann's Focal Dystonia », *Front. Neurol. Neurosci.*, 2005, 19, p. 179-188.

Albanese A., Asmus F., Bhatia K. P., Elia A. E., Elibol B., Filippini G., Gasser T., Krauss J. K., Nardocci N., Newton A., Valls-Sole J., « EFNS guidelines on diagnosis and treatment of primary dystonias », *Eur. J. Neurol.*, 2011, 18, p. 5-18.

Altenmuller E., Jabusch H. C., « Focal dystonia in musicians: phenomenology, pathophysiology and triggering factors », *Eur. J. Neurol.*, 2010, 17 (suppl. 1), p. 31-36.

Crédits des illustrations

Figure 3 : Conway M. A., Pleydell-Pearce C. W., « The construction of autobiographical memories in the self-memory system », *Psychol. Rev.,* 2000, 107, p. 261-288.

Figure 4 : ©Jason Popesku/*Clark's Nutcracker*, 2009/Wikimedia/Creative Commons.

Figure 5 : Hart B. L., Hart L. A. *et al.* « Large brains and cognition : Where do elephants fit in ? », *Neurosci. Biobehav. Rev.*, 2008, 32(1) : 86-98.

Figure 6 : Plotnik J. M., de Waal F. B. *et al.* « Self-recognition in an Asian elephant », *Proc. Natl. Acad. Sci. USA*, 2006, 103 (45), p. 17053-17057. ©2006 National Academy of Sciences, USA.

Figure 7 : DR.

Figure 10 : Lupien S. J., Parent S., Evans A. C., Tremblay R. E., Zelazo P. D., Corbo V., Pruessner J. C., Seguin J. R., « Larger amygdala but no change in hippocampal volume in 10-year-old children exposed to maternal depressive symptomatology since birth », *Proc. Natl. Acad. Sci. USA,* 2011, 108 (34), p. 14324-14329 .

Fig . 12 : Guiso L., Monte F., Sapienza P., Zingales L., « Diversity. Culture, gender, and math », *Science,* 2008, 320, p. 1164-1165.

Figure 14 : DR.

Figure 21 : DR.

Figure 24 : DR.

Figure 25 : Danziger S., Levav J., Avnaim-Pesso L., « Extraneous factors in judicial decisions », *Proc. Natl. Acad. Sci. USA*, 2011, doi:10.1073/pnas.1018033108.

Figure 27 : Ekman P., Friesen W. V., Hager J. C., *Facial Action Coding System*, Salt Lake City, Research Nexus, 2002. DR.

Figure 28 : Ross M. D., Owren M. J., Zimmermann E., « Reconstructing the evolution of laughter in great apes and humans », *Current biology*, 2009, 19, p. 1106-1111.

Figure 30 : DR.

Figures 32 et 34 : Dalmatian photo by R. C. James *in* R. L. Gregory, *The Invisible Eye*, MacGraw-Hill, 1973, p. 14. DR.

Figure 37 : Ward J., *The Frog who Croaked Blue. Synesthesia and the Mixing of the Senses*, Routledge, 2008, p. 108. DR.

Figure 38 : Stratton G. M., « The spatial harmony of touch and sight », *Mind*, 1899, 8 (32), p. 492-505.

Figure 46 : Buckner R. L., Carroll D. C., « Self-projection and the brain », *Trends Cogn. Sci.,* 2007, 11, p. 49-57.

Figure 47 : Leclair-Visonneau L., Oudiette D., Gaymard B., Leu-Semenescu S., Arnulf I., « Do the eyes scan dream images during rapid eye movement sleep ? Evidence from the rapid eye movement sleep behaviour disorder model », *Brain,* 2010, 133, p. 1737-1746.

Figure 48 : DR.

DU MÊME AUTEUR
CHEZ ODILE JACOB

Pourquoi les chimpanzés ne parlent pas. Et 30 autres questions sur le cerveau de l'homme, 2009.
L'Homme Thermomètre, 2004.

DU MÊME AUTEUR
CHEZ ODILE JACOB

Pourquoi les chimpanzés ne parlent pas. Et 30 autres questions sur le cerveau de l'homme, 2009.
L'Homme Thermomètre, 2004.

Cet ouvrage a été transcodé et mis en pages
chez Nord Compo (Villeneuve-d'Ascq)

Achevé d'imprimer en janvier 2012 sur rotative offset Variquik
par l'Imprimerie Sagim à Courtry (Seine et Marne).

Dépôt légal : février 2012
N°d'édition : 7381-2703-X
N° d'impression : 12716

Imprimé en France

L'imprimerie Sagim est titulaire de la marque
Imprim'vert® depuis 2004